「本の寺子屋」新時代へ

塩尻市立図書館の挑戦２

「信州しおじり 本の寺子屋」研究会＝編

東洋出版

まえがき

「信州しおじり　本の寺子屋」（以下「本の寺子屋」と略す）は、二〇一二年にはじまり、こんにちまで十年にわたる時を刻んでまいりました。

「本の寺子屋」が五年目を迎えたとき、「本の寺子屋」研究会（以下「研究会」と略す）が、「本の寺子屋」の事業内容と歩みを点検し、その存在を多くの皆さんに理解していただき、塩尻市立図書館発展のためになるよう、本に纏めてくださいました。それが、『「本の寺子屋」が地方を創る――塩尻市立図書館の挑戦』でした。

「本の寺子屋」は、多様な情報が錯綜するなかで、本の役割をしっかり見極め、「本の可能性を考えたい」と、次の二つの目標を掲げてきました。

一　本に思いを込めて世に送り出している著者、出版社、書店などの皆さんと図書館が連携し、読者である市民の皆さんとともに本の魅力を発信し、本を読む人を増やすことにより出版文化の未来に寄与する。

二　図書館員が学び、力をつけて、役に立つ図書館として進化する。

この目標による五年目までの活動を纏めた『「本の寺子屋」が地方を創る――塩尻市立図書館の挑戦』は、「本の寺子屋」の存在を、塩尻市内はもとより全国（一部海外）の人々に広く知っていただく役割を果たしてくれました。

「本の寺子屋」は、別におこなっていた「古田晁記念館文学サロン」を繰りいれ、「子ども本の寺子屋」（二〇一五年発足）を大切に位置づけ、塩尻の文化に光をあてる企画「地域文化サロン」も加え、事業を拡大・多様化するとともに集中化もはかり、本の魅力を追求してまいりました。あわせて、図書館の意義をどう高めるかを模索し、図書館職員一同で実現に努力してまいりました。共に歩む他の図書館とのネットワークを広げることもできました。

こうした「本の寺子屋」十年目に、「研究会」から『「本の寺子屋」新時代へ――塩尻市立図書館の挑戦2』の刊行をと、ふたたびご提案がありました。

近年、出版事情は「本の寺子屋」発足時より厳しさを増しています。しかし、地球規模でおこっている未知の伝染病のインパクトが、社会や生活のあり方を様変わりさせ、確かな情報・知識の必要性、不安感の解消、心の余裕や冷静さをとりもどすために、読書でときを過ごす動きが新たにおこり、本への期待が高まってきています。

このときにあたり、「研究会」のご提案は、新時代を切りひらく「本の寺子屋」のあり方を、これまでの歴史を吟味し新たな歩みを探るために、必要・不可欠な取り組みになると考えました。

幸い、「本の寺子屋」に参画してくださった九年間の講師七十人を超える方々が、本の可能性についての思考の一端や「本の寺子屋」への期待・提言をエッセイにしたためてくださいました。聴講してくださった皆さん、図書館職員へのインタビューでは、これまでの成果や課題もみえてきました。これらを一冊に集約したこの書は、「本の寺子屋」新時代へのスタート地点を確かにしてくれるものとなりました。

あたかも、塩尻市立図書館は、一九七一年に開館して以来、この二〇二一年四月に満五十周年、半世紀の節目を迎えました。寺子屋十周年が図書館開設五十周年とかさなり、それにふさわしい記念事業を計画することになりました。

『「本の寺子屋」新時代へ——塩尻市立図書館の挑戦2』の編集・刊行は、「本の寺子屋」の存在とその意義を、さらに広く深く理解していただく糧となる事業で、記念事業にふさわしい企画になると位置づけました。

多くの市民の皆さんが、この本を手にしてくださり、読者の皆さんにご意見を寄せていただく事業になればと考えました。

塩尻市立図書館職員一同は、この書の編集・刊行を、本図書館が進化し、あるべき姿に一歩でも近づく契機になるよう努めたいと考えています。

最後に、「本の寺子屋」を生み、つねに変わらぬご尽力で育ててくださった長田洋一さん、企画の原型をおしめしくださった「本の学校」の皆様、顧問・後援者の方々、講師の皆様、参加し聴講してくださってきた市民の皆さんに深謝し、この書物の出版にご尽力いただいた「研究会」と東洋出版に、図書館を代表して、心より御礼申しあげ、「まえがき」といたします。

二〇二一年四月

塩尻市立図書館長　上條　史生

「本の寺子屋」新時代へ

——塩尻市立図書館の挑戦2

目次

講師エッセイ（五十音順）

口上

本書は、『「本の寺子屋」が地方を創る』(東洋出版、二〇一六年)が扱った長野県塩尻市立図書館の事業「信州しおじり　本の寺子屋」の、その後の展開と反省、今後の展望をテーマにしている。「塩尻市市民交流センター」(愛称・えんぱーく)内にある市立図書館で二〇一二(平成二十四)年七月にスタートした「寺子屋」は、十周年の節目を迎えた。この間、全国のいくつかの公共図書館がそれぞれの地域に応じた「寺子屋」事業を始めるなど広がりを見せた。こうしたなかで、パイオニアとしての塩尻の今後の展望を示すことで、寺子屋の内容の一層の深化・充実と、全国へのさらなる拡大を促したい。それが刊行の趣旨である。

＊

「本の寺子屋」は、地域の公共図書館の一事業である。それは行政サービスの一環であるから、行政組織のルール・慣行の外にあるものではない。行政の事業評価の期間は、まず三年。そこで評価をし、うまくいっていないようなら一区切りをし、次の新たなことを始める。そういう流れが役所には結構あるのだという。「研究会」は利用者の立場から、この事業にそうした役所の慣行を超えてほしいと願ってきた。

塩尻市立図書館の上條史生館長は、研究会との話し合いの中で、「本の寺子屋は二十年、三十年先の出版文化に寄与しようという大きな目的を当初から掲げていて、それを図書館が担い、市民とともに作り上げようというものです。従って、これは三年で終わるはずもなく、今後の展開によりこの目的をいかに実現するかが重要だと図書館は考えています」と述べた。この言葉は、利用者の思いが図書館を運営する塩尻市に届いていることを示すものだ。

それゆえ利用者は図書館とともに、「本の寺子屋」をさらに発展させていくために知恵を絞り、汗をかかねばならない。

＊

塩尻市立図書館は二〇一九（令和元）年十二月十九日、岐阜市立図書館、神奈川県大和市立図書館との間で、「図書館の連携・協力に関する同盟」を結んだ。三市の図書館事業の実践事例を共有し、利用者へのサービスの向上を図るのが狙いだ。

塩尻市（人口約六万七千人）の図書館が入る「塩尻市市民交流センター（えんぱーく）」は二〇一〇（平成二十二）年、岐阜市（同約四十万八千人）の「みんなの森　ぎふメディアコスモス」にある図書館は二〇一五（平成二十七）年、大和市（同二十三万七千人）の「文化創造拠点シリウス」にある図書館は二〇一六（平成二十八）年にそれぞれオープンした。署名の式典が行われた岐阜市の柴橋正直市長は「三市の規模や歴史はさまざまだが、人口減少、高齢化など共通の課題もあり、市民のつながりを深めるためしっかりとタッグを組んでいきたい」とあいさつした。さらに多くの図書館が知見を共有することができるよう、同盟の門は常に開かれていると三市長は話した。

大和市の大木哲市長は「塩尻市立図書館は、シリウスを整備する際にも参考とさせていただいた縁の深い施設。図書館を運営する立場としても、大いに示唆に富んだ内容です」と「本の寺子屋」を評価した。また岐阜市立図書館の吉成信夫館長は「塩尻の『本の寺子屋』には大きな関心を持っています」と話した（肩書きは当時）。

二〇一八年には山梨県甲斐市立図書館で「甲斐・本の寺子屋」がスタートした。

上條館長は二〇一九年九月、文部科学省が主催する全国新任図書館長研修会で「本の寺子屋」について話した。「実践報告をせよということで、約四十分間でしたが、全国にサテライト中継され、約二百館の新任図書館長に話をすることができました」という。

こうしてスタートから約十年の間に、「本の寺子屋」の事業は全国へ広がり、さらに拡大する様相を示している。

しかし同時に、パイオニアとしての塩尻市立図書館には自問が生まれている。『「本の寺子屋」が地方を創る』が二〇一六年に出版されて以降、「あれから塩尻はどうなったのか」という問いかけに答えるべき時期を迎えているのではないか。上條館長は、「この間の私たちの活動の軌跡をたどり、反省すべき点は反省し、今後の新たな取り組みの方針を明らかにする。そんな本が生まれれば、この事業の意義や思いをより多くの人に伝え、新たな動きを促す力になると思うのです」と述べ、「本の寺子屋」が拡大とともに深化を求められていると指摘した。

「本の寺子屋」はどんな仕事をしてきたのか。そして利用者は、講師はどう感じてきたか。反省すべき点は何か。その反省の上に立ち、これから「本の寺子屋」は何を、どう取り組むべきか。

デジタル、ビジュアルがあふれる社会で読書の復権を目指す人々、そして人口が減り、高齢者が増え、若者が減る地域社会の文化的拠点の役割を担う図書館の活動の在り方を考えるすべての人々に、少しでも示唆を与えられればこれに過ぎるものはない。

● 顧問よりひとこと　「本の寺子屋」開講に寄せて

● 講師エッセイ　（五十音順）

「本の寺子屋」開講に寄せて

辻井喬

詩人・小説家・（公社）日本文藝家協会副理事長・（社）日本ペンクラブ理事

人生の寺子屋

本当の図書館は、ただ本を読む場所ではなく、昔の寺子屋のように、そこで人生について語り合い学ぶ場所であって欲しいと思います。図書館がその意味で地域の人々の集まる場所になった時、文化は栄え、わが国はＧＤＰの数値に頼らない充実した国家になるに違いありません。これは新しい幸福の出現です。

永井伸和

ＮＰＯ法人　本の学校理事長・今井書店会長

塩尻市立図書館の挑戦にエール！

高度情報化、国際化の波に、地域が音も無く崩れつつあります。大きな潮の変わり目に、自立した市民と地域を育む、大学、図書館、書店、各種教育・文化施設の協力は不可欠です。知の地域づくりへの夢をともにできることに感謝し、エールをおくります。

熊沢敏之

（株）筑摩書房代表取締役社長

「本の寺子屋」開講に寄せて

えんぱーく。素敵な命名の図書館が7万人弱の市を活性化してきました。充実した開架の放つ美しさ。読書も談笑も享受する若者たち。でも、ハードウェアの提供だけ？　「本の寺子屋」は読者と著者・出版社とを結ぶ、もうひとつの知の媒介の試みです。創造的発信に注目！——本の未来がいま、この場所から開かれようとしています。

常世田 良

立命館大学文学部・（社）日本図書館協会理事

本の寺子屋＝知の寺子屋

書店、出版社、図書館など「知の拠点」を結びつけて、文化の創造、発信を行い、そのことを通じて地域の多様な発展を実現しようとする企てに敬意を表します。市民交流センターのコンセプト「知恵の交流を通じた人づくりの場」にも沿うとともに、歴史上交通の要衝、文化の行交う場所でもあった塩尻らしい事業です。成果に期待いたします。

「本の寺子屋」開講に寄せて（二〇一二年開講当時のリーフレットより）

赤木かんこ

児童文学評論家。長野県松本市生まれ、千葉育ち。法政大学英文学科卒業。一九八四年に、子どもの頃に読んでタイトルや作者名を忘れてしまった本を探し出す「本の探偵」として本の世界にデビュー。以来、子どもの本や文化の紹介、書評などで活躍している。

子どもにはなぜ本が必要なのか？

なぜ小さな子に本を読んであげなくてはならないのか？　本を読むと子どもにはいい影響がある、と私たちは漠然と感じている。本を読んであげると子どもたちの目に知性が宿るのを経験的に知っているからだが、その理由は長年の疑問だった。

が、去年、アメリカの言語学者が驚くべき論文を書いた。それによると、人間は想像力を始めから持っているが、言語によってスイッチが押されないと動かない、というのである。この場合の想像力というのは、物語の風景を想像するとかではなく、この木のここをこう削ったらこういう形になるな、ということをあらかじめ考えられる能力のことで、この力で人間は道具を作れるようになったのだそうだ。

言われてみると、困ったな、と思う子どもは、この想像力が発動していない。道路に飛び出す、ガラスの上に乗る、といったことは、次にどうなるのかわからないからやるわけで、以前自転車を盗んだ子に、「ここらへんのおまわりさんは有能だから、盗みをしたら捕まるよ、わからなかったの？」と聞いたところ、きっぱり、「わからんかった！」という返事が返ってきたことがあったが、確かに〝想像〟できていないのだ。

でも、一度経験したことはわかるので本当にわからないわけではないと思い、これはいったいどういうことなのだろうと考えたが、「想像力のスイッチが入らないと使えないのだ」と言われればとても深く納得できる。そうしてその言語、というのは〝てにをは〟のある言語だ、というのである。つまり「のど、かわいた」「お水、ちょうだい」の二語文ではなく「喉が渇いたのでお水をください」という文法を使った言語に触れることでそのスイッチが入るのだ、とその論文はいっていたのである。

そもそものスイッチが入るのは五歳くらいまでだという。確かに私たちは子どもが五、六歳になると「ちゃんと話しなさい」と無意識にいっているが、この〝ちゃんと〟の中身は「文法を使って」「文章体で話しなさい」ということである。

ということは、二、三歳の子どもたちには日常の会話に加え、本を読んであげることが不可欠だ、ということになる。絵本の文章は普通〝てにをはを使った文章体〟だからだ。

その後の報道がないので、果たしてこの説が承認されたのかどうかわからないのだが、私は当たっていると思う。子どもに本を読んでやるのは楽しみのためだけではなく、先を見通す力を手に入れさせるためなのだと……。

阿佐元明

東京都立川市出身。公民館（現・学習館）で行われた、市主催の文芸講座をきっかけに創作活動を始める。『色彩』（筑摩書房）で第三十五回太宰治賞受賞。

育まれる確かなもの

友人の子供がバトンを習い始めた。

小学校の同級生が通っていて、興味を持ったようだ。どこで教わっているのか聞いてみると、公民館とこたえる。思いもしなかった場所に、私は感心して、頬がゆるんだ。

私が創作を始めたきっかけは、公民館の小さな一室で受けた、立川市主催の文芸講座だった。そこで知り合えた方達に誘われ、同じ教室で活動している文芸サークルへ入部したのは十九歳の時だ。それまで公民館へまともに足を運んだこともなかったし、公共施設といえば図書館や児童館くらいで、なにかを学びに行くというよりも、遊び場の延長でしかなかった。そういえば一時、自習室に通ったこともあったが、誰かとの交流に施設を利用するなんて考えたこともない。そんな場所で見ず知らずの人と、小説を学ぶことになった。

学校ではない、普段はあまり関わることのない人達と活動するのは新鮮だった。すでに定年退職した方や、家業を引き継いで隠居していたり、主婦の方、会社員や工場勤務の方、もちろん学生もいたりして、そんな人達が月に一回集まり、創作した作品を持ち寄って合評しあう。七十歳を越えた方が、十代の意見を食い入るように聞いてメモを取り続けたり、普段はにこやかで物腰柔らかい御婦人が、周りへの同調も気にかけず突き刺すような鋭い指摘をぶつけたり、年齢も立場も関係なく交わる場所がそこにはあり、会合が楽しみになっていた。同時に、一つの創作でも、その人の経験や生き方で、考えや焦点がそれぞれ全く違うことがあり、別角度から飛び交う意見に驚き、客観的に自作をとらえることができていない自分の無知・無力を心底気づかせてくれた場所でもあった。

全国の公共施設では、あの時の自分が居た教室と同じように、様々な活動で人々が集い、いろいろなことをともに学び、真剣なまなざしや笑顔を向け合っていると思います。常々、こういった芸術、文化、教育の活動を支える公共の事業は、難しいと感じていました。成果は形にしづらいものですし、しかも浸透するまで長い時間が掛かります。そのような課題のなか、塩尻市は「本の寺子屋」を運営し、文化、芸術活動を根付かせ、古田晁ゆかりの地として地域の活動に取り組み、本を生み出す独自の発展を拡げています。どうぞ、「本の寺子屋」を、施設を、活動を、余すところなく活用して下さい。町の芸術・文化はたくさんの人達の心の糧になって、また育まれていくのだと思っています。一緒に楽しみましょう。私も皆さんとともに、この場所へ集ったなかにいます。

五十嵐絹子

山形県鶴岡市立朝暘第一小学校・元学校司書。現在は学校図書館アドバイザーの傍ら、「子どもの読書を支える会」、「読書のまち鶴岡」をすすめる会の事務局長として地域の読書推進を中心にした活動をしている。

読書で元気なまちをつくろう

「信州しおじり　本の寺子屋」の取り組みに目を見張った。読書に関わる創造的な活動とこの活気を、ただ羨んでいる場合ではないと大いに刺激を受けた。我が鶴岡は豊かな文化の歴史を誇るまち、ここに読書文化が根付けば、更に心豊かな人が育ち、地域を起こす力になるかもしれないと。子ども達の読書効果は、全市的な学校図書館の活性化で実証済みである。この読書パワーを市民全体に広げたいと「読書のまち」を夢みていた。

長年の夢を実現するために、「読書のまち鶴岡」をすすめる会を構想し、賛同者を募り、準備を始めていた。が、その矢先3・11東日本大震災が勃発。もう「読書のまち」どころではなかった。だが、被災者たちは食べるものにも事欠く中、本を求め活字に餓えていると聞こえてきた。被災者たちに逆に励まされ、「読書のまち」を立ち上げた。

第一回「読書で元気なまちをつくろう・市民の集い」を同年六月に開催。以来、市民の集いは毎年催され、細谷亮太氏、柳田邦男氏、片山善博氏などの読書をテーマにした講演会を開いた。毎回大勢参加し好評だった。また、地元新聞の協力でリレーエッセー「私と読書」連載を始めると、人気の紙面になり、ついに本にまとめ二冊も出版した。続いて二〇一四年から「私の一冊」の連載を始め、週一回の掲載が今も続いている。

さて、発足から四年目、いよいよ鶴岡市に読書のまち宣言の請願を出そうと、署名を募った。賛同者は人口の約一割、一万三千二百十一筆。ところが、市議会は「読書のまち」に賛成ではあるが、としながらも不採択。市民からの請願は殆ど却下されるという城下町らしい伝説があり、官民が力を合わせてまちを創るという理想は簡単なものではなかった。それなら、私たち市民の力で読書のまちを創ろうと意識を転換した。二〇一六年六月から賛同する会員を募り、組織づくりと新たな取り組みも始めた。会報の発行、市民の集いに加えて、「古典の日の集い」も毎年開催。伝統文化や歴史の豊かなまちである。

鶴岡には、図書館ではないのに本を並べ、閲覧や貸し出しをしている事業所やお店、喫茶店等が多い。その内六十カ所を紹介する「まちじゅう図書館マップ」を作製し発行した。本のある施設に「読書会」サークルが集まっている。本を通して人が繋がり、人を通して読書の輪が広がることを体感した。読書会には本の苦手な人まで巻き込んでいる。「私と読書」や「私の一冊」の投稿が合計五百人にもなる。いつのまにか数えきれない程の読書仲間が広がっているのに驚く。「読書のまち鶴岡」をすすめる会は、今年で十周年になった。

石井もと子

輸入ワインのマーケティングに関わる一方ワインジャーナリストとして活躍。二〇〇六年よりガイドブック『日本のワイナリーに行こう』（監修・執筆）を発行、日本ワインの振興に努めてきた。日本ワイナリー協会顧問。

寺子屋とワインは市民の誇り

「本の寺子屋」で「世界からみた塩尻ワイン」と題して講演したのは二〇一八年の十月、日本ワインの若き造り手たち（今は立派にワイン産業の中核となっている）の葛藤とそのメンターを描いた映画「ウスケボーイズ」の塩尻での上映初日でした。当日は、開放的で居心地のよい、近くにあれば通いつめ長居するのは間違いなしの図書館で、リラックスしてお話しできました。参加者からは「塩尻ワインは世界中に知られてると思ってたのに」、「海外のコンクールで受賞してるんだ、すごいね」と正反対の感想をいただきました。

塩尻、とくに桔梗が原のワインは日本ワインとして最も世界に知られていると言っても過言ではないでしょう。ですが、それも比較の問題です。国外のワインジャーナリストや常に新しいワインを探しているワイン商やコアなワイン通には知られてきましたが、愛飲家に存在を知られているというところには至っていないのです。

　参加者の中には旧知の造り手などワイン関係者がちらほらいらっしゃいましたが、冒頭に挙げた感想は双方ともワイン業界とはかかわりのない一般の方の感想でした。それゆえワインのプロたちがいる中で臆せず素直な感想を言える自由な雰囲気に感動しました。それは講師の私がつくりだしたものではなく、「本の寺子屋」が培ってきたもの。その活動を続けることで、塩尻市立図書館えんぱーくの中に育まれた雰囲気だと思うのです。

　さて、講演のテーマは「世界から見た」でしたが、日本の中でみた塩尻ワインの状況はどうでしょうか。日本のワイナリー格付け「日本ワイナリーアワード２０２０」で最上位の五つ星ワイナリーは十四社、その内三社が塩尻市内に本拠を置くか、中核となる生産設備をおいています。五つ星に続く四つ星のワイナリーも市内に二社あります。いうならば塩尻は質の高いワイナリーに与えられる星だらけなのです。日本ワインとは国内産ブドウだけを原料とするワインです。ワイナリーごとの日本ワインの生産量の統計はなく推計となりますが、日本ワイン生産量のトップ五に同市内の二社が入るのは間違いありません。塩尻市全体の生産量も市町村単位の生産量でトップに迫っているのは間違いないでしょう。塩尻の日本ワイン生産は、質量ともに市民が大いに誇れる状況にあるのです。ここ数年、市内に新しいワイナリーが続々と登場。ブドウ畑は片丘、柿沢へと広がっています。ワインジャーナリストにとっても、塩尻は今も目を離せない注目の産地です。

いせひでこ

画家・絵本作家。東京芸大卒。十三歳まで北海道で育つ。十三歳でチェロと出会う。原風景と自分の持ち色はそこにあると思う。『ルリユールおじさん』『チェロの木』『最初の質問』『けんちゃんのもみの木』など絵本多数。

距離を縮めた絵本の授業

学校の一斉休校。オンライン授業。子どもたちまで行動範囲を狭められたこの一年は、LINEもFBもTwitterも無縁でデジタルを使わない私にも辛すぎる一年だった。美大で絵本の授業を持っていた。「後期もオンライン授業になる」と聞いた時「無理だ」と思った。それまでの七年間の私の絵本の授業はこうだった。五週間の集中講義の冒頭は、安曇野の絵本美術館森のおうちのコテージを借り切った合宿から始まる。生徒たちは森に入り込んで、木々や出会ったものをスケッチする。植物、清流、鳥や虫やキノコの群生も。都会の子も地方出身の子も「いのち」と向き合う時間、森の光や風や音に包まれ自分を発見する時間だ。授業中のスマホは禁止、調べ物はインターネット禁止、授業中でも図書館と画材店には自由に行かせる、合宿で拾ってきたのは木の実だけではないはず。出会ったモチーフから物語の種を見つける。自分だけの物語を育てる。目にしたものを機器に記録させるのではなく、スケッチブックを広げ「手と目」に記憶することを徹底してきた。

二学期、大学は合宿も対面指導も中止を決めた。それでも、私は予定の集中講義を引き受けた。七年間やってきたことをやろう。生きた授業を工夫しよう。対象をじっと見つめることで、自分の位相を知る。すると周囲が見えてくる。創作はそれに尽きるのだ。生徒たちを画面から引き剥がさなくてはならない。まず自宅の近辺を歩いてもらおう。気に留めた木々や植物を描いて郵送してもらおう。オンラインで自宅に縛り付けられていた学生たちは嬉々として早朝の公園や道端に飛び出し見なれたはずの風景の前で足を止めた。見なれてなどなかった。生き生きした色彩のスケッチが毎日のように届いた。日々のレポートも郵送。学生たちは、デジタルでは色も大きさも質感もわからない、ということを身を以て理解した。個人指導に近い授業の果て、これまでにないレベルの高い絵本が次々と生まれていった。大学だけではない。ある幼稚園の子どもは「声を出さないで歌いましょう」と言われて、家に帰って泣いたという。小学生たちは現在も「小さな声で歌う。給食は黙って食べる」を強要されている。心も口も閉じて友だちとの距離も遠ざけられる。その極端が、最後の言葉さえ交わせないコロナ患者との別れだ。

「ウィルスは人と人の距離を遠ざけるためにやってきた」、アマゾンの奥の先住民族の古老の言葉だ。その距離を埋めるのは政治家でも宗教でもない。たとえマスクが外せなくても、声を出して歌おう。絵を描こう。本を読もう。心と心の距離まで奪われないように。

岩瀬成子

一九五〇年山口県生まれ。著書に『額の中の街』『あたしをさがして』『夜くる鳥』『オール・マイ・ラヴィング』『まつりちゃん』『そのぬくもりはきえない』『地図を広げて』『ネムノキをきらないで』など。

子どもの本というジャンル

原稿を依頼されるときに、ときどき「小学校中学年向きに」とか「高学年向きに」などと言われる。「わかりました」と一応答えるけれど、ほんとうはわかっていないのである。同じ年齢の子が同じ本を読んでも、わかる子もいれば、わからない子もいるだろう。大人だって一冊の本を面白く読む人もいれば、わからないと思う人もいる。なのに、なぜ子どもだけ、ひと絡げにしてしまうのだろう。

言葉をよく知っている子もいれば、漢字が苦手な子もいる。世の中のことを割合知っている子もいれば、あんまり知らない子もいる。関心を持っていることもそれぞれちがう。学校では学年で一括りにされるけれど、生まれてからの環境によって同じ年齢でも思うことや考えていることはずいぶん違うはずなのに、学齢というものが本のジャンル分けにまで入りこんでしまっている。

　わたしが育った小さな町には図書館はなく、公民館の中に図書室があるきりだった。一つの部屋に書架が並んでいて、子ども向けの本の棚と小説の棚は横並びにつながっていた。子ども向けの本は少なかったから、わたしはその横の小説の棚の前を行ったり来たりして背表紙をながめ、その中から本を借りることもあったし、いつかこの本を読みたいと思ったりもした。そのはっきりと区分されていなかった書架のあり方がなつかしい。子どもの本を探していたはずなのに、いつのまにか小説に手を伸ばし、読んだ本も多い。

　子どもは児童書だけを読みたいわけじゃないと思う。なのに、たいていの書店は売り場がはっきりと分かれている。児童書だけべつの階になっている書店もある。親切なようだけれど、それだとずるずると移動して小説の棚に行き着くことができない。壁ができてしまっている。もしかしたら、売り場のことを考えて本は作られているのかもしれない。

　いま多くの図書館では児童書として出版された本だけが並ぶ「児童書コーナー」が作られ、子どものためにいろんな工夫がなされている。それは意味あることなのだけれど、はっきり区分されてしまうと、そこから小説の棚へと移行しにくい。そして、大人にとっては、子どもの本として出版された本に自然に出会うことがむずかしくなっている。

　塩尻市立図書館は書架のあいだを巡っていくと、どの分野の棚にもたどり着けて、まるで本の森のようだ。とても自由なのだけれど、さらに望むなら、自然に小説にも子どもの本にも手が伸ばせるような、ジャンルにこだわらない並べ方もあるかもしれない、と思う。

上野千鶴子

撮影＝清水梅子

社会学者・東京大学名誉教授・認定NPO法人ウィメンズアクションネットワーク（WAN）理事長。専門は女性学、ジェンダー研究。高齢者の介護とケアも研究テーマとしている。『ケアの社会学』『おひとりさまの老後』など著書多数。近刊に『女の子はどう生きるか　教えて、上野先生！』『在宅ひとり死のススメ』。

読書体験の共有

コロナ禍で多くの業種が打撃を受けたが、巣ごもり需要で動画コンテンツが伸びたように、書籍の売り上げも上昇したのだという。それもキンドル版のコミックが大半を占めるが、連動して書籍の売り上げも伸びている。自分の暮らしを振り返っても、本を買ったり読んだりする量が増えた。だが、それもほとんどネットを通じて、である。

出版業界はやや持ち直したというが、書店業界は逼迫しているらしい。本の流通の仕方ががらりと変わってしまったからだ。同じように流通の仕方ががらりと変わって無くなったのがレコード店やＣＤショップ。音楽業界では、音楽コンテンツはネットを通じて売り買いするものに変わった。代わって伸びているのがライブである。そのライブパフォーマンスがコロナ禍で打撃を受けている。

コロナ隔離ライフは、本を読む方だけでなく、書く方にもプラスに働いた。新刊を出したら、いくつかの書店が読者とのトークイベントを提案してくださった。緊急事態宣言中だったので、残念ながらオンライン開催となったが、限られた人数の読者とライブでやりとりするのは、いつでも楽しい。

本の書き手はだれでも、自分の書いたものが、誰に、どんなふうに読まれているかに興味があるものだ。まっしぐらにストライクゾーンに届いたと手応えを感じることもあれば、思いがけない側面から、へ、そんな読み方もあるのか、と虚を衝かれることもある。年齢や性別の違いはもとより、住んでいる地域や生活経験、置かれた立場で、読まれ方はさまざま。著者の手からは書物は離れてしまっているので、どんな受け止め方をしてもらえるのか、興味が尽きない。読書会をしています、と言われたら、たとえ十人のグループでもお邪魔しようかと思うくらいだ。

本はひとりで読むものでもあるが、共同で読むものでもある。他のひとの読み方を知ることで驚きや発見がある。読書体験を共有できるのも、トークライブの楽しみのひとつ。

塩尻市立図書館は長いあいだ、そんな著者と読者の交流の場を持ってきた。わたしも招いていただいたことがある。トークライブは一期一会の出会いの場。とてもぜいたくな時間だと思う。こういう活動が地域文化の豊かさをつくるのだろう。

大下英治

一九四四年、広島県生まれ。広島大学文学部卒業。週刊文春の記者を経て、作家として独立。政財官界から芸能、犯罪など幅広いジャンルで創作活動を続け、著書は四百五十冊以上にのぼる。近著に『内閣総理大臣』、『自民党幹事長二階俊博伝』（エムディエヌコーポレーション）。

井上靖と太宰治の魔力に憑かれて

中学校の二年生まで、岩田専太郎をはじめとする挿絵の模写にせっせと励んでいた。おやじを原爆で失い、おふくろの手ひとつで育てられていた私に、高等学校へ行かせてもらう経済的余裕はなかった。

〈挿絵画家なら、美術大学へ行かなくても、働きながら独学でなれる〉

その頃、井上靖の『氷壁』が毎日新聞に連載され、洋画家の生沢朗の挿絵を楽しみにするうち、小説にも魅きつけられた。私は、わが才能をかえりみず、思いはじめていた。

〈ぼくにも、こういうおもしろいストーリーを描き出す力があったらなぁ〉

中学校三年生になり、私は、三菱造船所の養成学校の試験を受け、合格した。就職の決まった夏の終わり、親戚の家に本を借りに行った。ふと、太宰治という見なれぬ作家の小説を手にとった。『晩年』という自殺を匂わせる作品の出だしに、妙に引きつけられた。

《死のうと思っていた。今年の正月、よそから着物を一反もらった。お年玉としてである。

着物の布地は麻であった。鼠色の細かい縞目が織りこめられていた。これは、夏に着る着物であろう。夏まで生きていようと思った》

本の中から、まるで魔の手がひょいとのびてきて、私の魂が掴み取られたとしかいいようがなかった。それまで読んだ物語の世界とはちがう、魂の哀しみを切々と語る、不思議な世界に魅せられた。私は、例によって、思いこんでしまった。

〈よし、ぼくも、太宰のように、ふつうの物語小説でない、魂の奥の奥の哀しみ、魔的なものを書く作家になろう〉

だが、私には、毎日毎日船の底にもぐって働く職工の生活が待っていた。

〈このまま電気溶接工として働きつづけ、果てるのか〉

そういう自分の姿を想像すると、発狂しそうであった。

〈いつの日か、おれは死んで無になる。その日まで、このままの生活で、あげくのはて滅びてゆくなら、なんのためにこの世に生まれてきたのか〉

「光陰矢の如し」をもじりつぶやいた。

「おれの生活は『工員、矢の如し』だな…」

その言葉を口にしながら、心のなかで叫んでいた。

〈このままくたばって、なるものか！〉

もし井上靖と太宰治の本に出会わなければ、物書きにはならなかったであろう。本は、人生を変える魔力を持っている。

香川元太郎

一九五九年生まれ。絵本作家・歴史考証イラストレーター。『迷路絵本シリーズ』（PHP研究所）は、計十七冊を発行。『ワイド&パノラマ鳥瞰・復元イラスト　日本の城』（ワン・パブリッシング）等、城や歴史系の著書もある。

紙の本とネットの利点

図書館や本屋さんに入ると、いつも心がワクワクする。だって、そこに並んだすごい数の本のほとんどは、僕が読んだことのない本だ。必ず新しい発見や、何か面白いものがあるに決まっている。

もちろん、僕もインターネットはしょっちゅう使う。探したい本が決まっている時はネット書店も便利。マンガは電子版で読むことも多い。でも、図書館や本屋さんを歩いていると、全く興味のないジャンルで、「ん？　なんだこれ」という本が目に留まったりする。チラッと中身を見て、ふーん、なるほどと思ったら、収穫あり。面白いものを自分で発見する楽しみは、リアルに本が並ぶ空間のだいご味だ。そして、「これは何度か見返すかも」と思ったものは紙の本を買う。仕事の資料ならなおさら、ぱっと開ける紙の本がいい。

ところが最近は、電子版しかないという本もある。僕が描いている歴史考証イラストは、過去に描いたものを貸し出す機会も多いが、先日、作品を提供したのは電子書籍オンリーの本だ。個人の研究をまとめた自費出版などの場合、紙の本よりも電子版のほうが出版しやすいのだ。これは、ネット時代ならではの本の広がりといえるだろう。さらに、仕事で使う資料として、書籍でもないネット上の情報が役立つ時もある。

僕の場合、紙の本とネット情報、それぞれの利点を一番感じるのは、イラスト内に生き物を描く時だ。例えば特定のチョウを描くことになったら、まず居る場所や季節、大きさなどの基本情報は、図鑑を確認する。図鑑は何度も見返す本なので、それなりに揃えているが、専門家を含めて何人もが校正しているから、情報はかなり信頼できる。ところが描くための資料となると、図鑑だけでは不足だ。生きているチョウは、図鑑の標本のようなポーズは、まず取らないのだ。

そこで、ネットを開く。ネットには怪しいものも沢山あるが、マニアの方の昆虫写真はけっこう信頼性も高い。見つけた写真をそのまま描くのではなく、色々な角度からの写真や動画を見るのが目的だ。多くの写真を比較し、立体的に把握できれば、飛んでいるチョウもオリジナルで描くことができる。冬でも昆虫が描けるのは、ネットのおかげだ。

ピンポイントの情報ではネットが役立つわけだが、総合的な理解は、紙の本が頼りになる。本は立体物なので、あちこちの項を行き来しながら、例えばチョウという生き物の全体像が把握できるのだ。自分の基礎知識を広げるには、やっぱり紙の本が有効だろう。

春日太一

一九七七年生まれ。映画史・時代劇研究家。ベテランのスタッフや俳優への取材に基づいた執筆や講演を行う。「週刊ポスト」「週刊文春」「ぴあ」で連載。著書多数。最新刊は『大河ドラマの黄金時代』（NHK出版新書）。

未来に繋ぐ場としての期待

昨年十月に「本の寺子屋」に参加させていただき、とても良い刺激となりました。塩尻市立図書館は施設としての充実ぶりも素晴らしかったのはもちろんのこと、司書さんや職員、関係者の皆様がとても熱心で、ご一緒させていただいた時間はたいそう充実していました。講演にはたくさんの方がいらしていただき、壇上にいても伝わるくらいとても真剣な眼差しでこちらの話を聴いてくださっていたのも嬉しかった。

そして何より、図書館自体の雰囲気が良かったのです。

図書館といいますと、基本的にはご年配の方が多くご利用されるというイメージがあります。それはもちろん素晴らしいことです。が、「若者の活字離れ」が問題視される昨今、やはり多くの若い人たちに図書館を使ってもらい、本に親しんでほしい――という想いがあります。

それだけに、塩尻市立図書館にうかがった際の光景には微笑ましいものがありました。学生と思しきグループが、それも何組も、学校の自由研究なのかレポート作成なのか、何やら楽し気に相談し合いながら作業を進めていたのです。

若い人たちが多くいると、やはり活気が違います。この人たちがこうして図書館を気軽に使い、図書館に対して楽しいという印象を当然のものとして抱く。それは結果として、「本を読む」ということへのハードルを大きく下げることになり、出版界にとっては頼もしい味方になってくれるのでは――。そんな未来への展望を来訪時に感じることができ、とても爽やかな気分になったのです。

さて、今回いただいたお題は《「本の寺子屋」への期待と提案》でした。

それでいいますと、こうした若い年代と本とをより強く結びつけるような場であってほしい、という気持ちがあります。私は出版の世界に生きており、そして時代劇について書いています。いずれも、若者離れが深刻です。でも、若者たちにとって退屈なものかというと、そうではありません。「食わず嫌い」されているだけなのです。それだけに、なんとか未来に繋げたいという想いは強い。

どうしても、図書館での講演といいますと年配の方向けのテーマ設定やゲストの選定になりがちです。それも大事です。が、若い世代が興味を引くような切り口があってもいいのかなと思いますし、そのためならいくらでも肌を脱ぐつもりでおります。

金原瑞人

撮影＝根津千尋

法政大学教授・翻訳家。訳書に『さよならを待つふたりのために』『月と六ペンス』『ブラッカムの爆撃機』など、エッセイ集に『サリンジャーにマティーニを教わった』など、日本の古典の翻案に『雨月物語』など。

本のこれから

一九世紀末から二〇世紀にかけての黒人音楽の歴史をたどるときに痛感するのは、技術の発達が音楽に大きな影響を与えることがあるということだ。

たとえば、初期のジャズの女性シンガーはとても体格がいい。マ・レイニーもベシー・スミスも、体格だけでなく歌いっぷりもじつに堂々としている。というのも、当時の酒場やミュージック・ホールでは声が通らないと使い物にならなかったからだ。ところが、マイクが登場して、ささやくような声で歌うことが可能になった。そこへ、ささやくような声で歌うビリー・ホリデイが登場する。一九四〇年代に登場したエレキギターをいち早く取り入れて生まれた黒人音楽がリズム・アンド・ブルース（R&B）。さらに、CDが普及して使われなくなったレコードとレコードプレイヤーをおもちゃのように自在に使って、

「皿回し」とか「スクラッチ」と呼ばれる表現方法が七〇年代のヒップホップに取り入れられる。

まさに、ハードがソフトを開放し、自由にしていく様子がよくわかる。

こんな話を出したのは、ソフトとハードの関係がとてもよくわかるからだ。ここまで書けば、この先はすぐにわかると思う。いうまでもなく、出版文化における電子書籍の登場だ。ハードの発達によって短期間に大きく変わってきた音楽と違い、印刷のほうは、一五世紀、グーテンベルクが活版印刷機を発明して以来、紙にインクをのせるという基本構造はほとんど変わらなかった。それが、紙もインクも必要ない時代がやってきた。「本」を愛する人はこれを歓迎する以外ない。アメリカでは紙の本のない図書館ができ、日本の図書館や学校図書室にも電子書籍が入るようになった。Kindleで英語の作品を読んでいて、知らない単語が出てくると指先でつつく、すると日本語で意味が表示される。非常に便利だ。たまに紙の本を読んでいて、思わず知らない単語をつついている人もいる。

これはもう、紙がいいか電子がいいかという問題ではなく、また、紙が好きか電子が好きか、という問題でもない。いい悪い、好き嫌いを超えて、電子書籍化は進む。イギリスの児童書の作家マロリー・ブラックマンも数年前に、こういっている。「今年初めて、紙の本より電子書籍をたくさん買ってしまった。二年前なら、そんなことは絶対にあり得ないと断言しただろうに」。これからわれわれが考えるべきは、紙と電子の理想的な関係だ。これについては、またそのうち書きたいと思う。

鎌田和宏

帝京大学教育学部教授。公立学校、東京学芸大学附属世田谷小学校、筑波大学附属小学校教諭、帝京大学文学部・教職大学院講師・准教授を経て現職。研究分野は教育方法（授業研究、情報リテラシー教育）社会科教育。

市民を育てる学校図書館・図書館連携

塩尻市立図書館を知ったのは「学校図書館活用データベース～先生のための・授業に役立つ～」（東京学芸大学学校図書館運営専門委員会）に紹介された同図書館と塩尻市立中学校の事例だった。身近な地域と戦争のつながりを調べた授業実践を二館が連携し支援した事例報告だ。以前から畏友中山美由紀氏に「長野に行くのだったら見学すべき図書館」としてご教示いただいていたように思うのだが、はっきり私の意識に上ったのはこの事例からだ。

私は授業研究に関心をもち、学校現場の先生たちがどの様に授業を改善していけばよいのか、そのサポートをしている。近年特に関心をもっているのは、子どもに情報リテラシー（情報の読み書き技能）を育てる授業はどうあればよいかについてだ。ＩＣＴ機器を利用した授業実践に関心が集まる中、情報それ自体を、どう読み取り、どう捉えていけばよいかについての検討が進んでいるとは言えない状況がある。先を見通すことが困難な現在、学校教育で教えられたことが大人になって役に立つのか疑問にもつ向きも強い。教科書を教えることに慣れてきた学校現場に新しい時代に応ずる教育ができるのか心許ない気もする。しかし、教科書のみの閉じた世界だけでなく、広く情報を求め考えさせる教育実践も行われてきた。学校図書館を活用した探究的な学習もその一つである。ＩＣＴ機器と共に学校図書館を活用した授業実践に取り組むことが、先を見通しにくい社会で生きる力を育てることができるのではないか。情報を活用し問題解決する能力を身につけて社会に送り出すことに教育行政も力を入れ始めてきている。しかし、多くの学校図書館は人的・物的にも非力で支援が必要だ。そのような中で市立図書館の支援事例は、公共図書館がもつ資料・市民サービスで蓄積してきたノウハウで学校図書館を支援した好事例だ。学校教育界でも高く評価されている。学校図書館で学び方を学べば市民となって問題に直面した時に公共図書館に足を向けるだろう。もちろん楽しみのために読書し、教養を高めることは重要だ。しかし社会のセーフティネットとして図書館が利用できるようになることは、変化の激しい時代に生き、学校教育で学んだ知識のみでは変化の波を乗り越えられない社会に生きる市民にとって必要な共通教養だ。その様な共通教養を育てるには公共図書館と学校図書館の連携が必要だ。市立図書館は、支援事例のような取り組みを続け、拡げ、深めていってくれることだろう。そして全国の公共図書館・学校図書館がこの事例に学んで、連携して市民を育てることに取り組んで欲しいと願う。

鎌田 實

撮影＝露木聡子

医師・作家。東京医科歯科大学医学部卒業後、諏訪中央病院へ赴任。30代で院長となり赤字病院を再生。地域包括ケアの先駆けを作った。長年にわたり国際医療支援、全国の被災地やコロナ対策支援にも力を注いでいる。

読書はぼくの人生の羅針盤

人生の始まりは、本に救われた。貧乏だった。母が重い心臓病で入院していることが多かった。夏休みはどこにも行けない子どもだった。担任の先生が、我が家の事情を考慮して、夏休みには図書館の本を冊数制限なく貸してくれた。

「今はどこにも行けないけど、いつか世界中を飛び回れる人間になりたい」と思った。

「人生は不条理だけど、自由に生きていいはず」ということも本から教わった。

歳をとって、絵本が大好きになった。子供の頃、親から絵本をプレゼントされた記憶はない。そんな余裕はなかった。自分が親になって、子供に絵本をプレゼントしたが、仕事に夢中で、絵本の本当の魅力には気づいていなかった。中年になってから、ぼくは絵本をたくさん読むようになった。絵本は心の癒しになっている。絵本には余白がつきもの。人生の研鑽を積んできたからこそ、余白を読む力がついてくる。そうして、絵本が新しい生き方を示してくれるようになってきた。

「鎌田の好きな絵本ベスト10」なんていうのを作って、コロナ自粛中に楽しんだ。やみつきになって、「日本の作家ベスト7」や「ほっとけない作家ベスト7」など、面白がっているうちに、『鎌田實の人生図書館』（マガジンハウス）なんていう本ができてしまった。

鎌田が選んだ絵本第一位は、『100年たったら』（アリス館）。ライオンと鳥の友情を描いた一冊。何度読んでも涙腺を刺激する。子どもも大人も感動する作品。第三位は、『3つのなぞ』（フレーベル館）。トルストイからヒントを得た作品。一番大事な時はいつか、一番大事なものは何か、こんなことを考えさせてくれる絵本。第六位は、『空の飛び方』（光村教育図書）。肥満気味のペンギンが主人公。挑戦することの大切さを教えてくれる。

テニス界の妖精と言われたマリア・シャラポワ。かつてグランドスラムも達成し世界ランキング一位という最強の時代もあった。二〇二〇年に引退したが、その年ある雑誌で「あなたにとって大切な本は」と聞かれて、フランクルの『夜と霧』と答えていた。かっこいいなあと思った。こんな風に自分にとって大切な本を一冊持っているというのは、とても素敵なことだと思う。

人生のどんな時にも、本や絵本が自分のそばにあると、人生に彩りを加えてくれるような気がする。本も絵本も、大好き。

河谷史夫

一九四五年生まれ。朝日新聞で社会部から編集委員、論説委員。書評委員も務めた。雑誌「選択」に二〇〇〇年以来、「本に遇う」を連載。著書に『酒と本があれば、人生何とかやっていける』『記者風伝』など。

読書の効用と心構え

本と薬には効用がある。ただし薬は飲まねば効かない。本は読む必要がある。石川淳の『夷齋筆談』に「士大夫三日書を読まなければ理義胸中にまじはらず、面貌にくむべく、ことばに味が無い」とある。本を読めば顔つきが良くなり、言葉に味が出るかも知れず、さらにわが体験では〝師〟が見つかり、別嬪の女優と〝友だち〟になれるはずだ。

若年期、本で知った中江丑吉という人に「私淑」した。兆民の倅で、終生世に出るのを拒み、中国古代思想を独学する変人であった。カント、ヘーゲル、マルクスからウパニシャッド哲学まで渉猟して深めた考究を百部私刊するのみで事足れりとした。だが一方で現代への観察を怠らず、満州事変が起きるや「世界戦争の前兆」と説明し、盧溝橋事件のときは「世界大戦の序曲」と断定。真珠湾奇襲を「田舎の力自慢のならず者が、けつをまくって下駄を脱いで、昼寝している横綱の鼻っ面をぶん殴ったんだね。アメリカもいい加減驚くよ」と評し、「負けて軍部が強姦される図を見てやる」と言った。その洞察はどこから来たか。

死を前に「親父より本だけは丹念に読んだろうな」と独語した。

突然だが、わたしは「銀幕の女王」原節子と会ったことはないが〝友〟である。四十二歳で忽然と姿を隠し、九十五歳で逝くまでの長き沈黙は「謎」とされる。少女時代に好む場所でない映画界に入った彼女は孤独であったらしい。いつも本を開いていたという。

付き合いが悪く「あいつは可愛げがない」と陰口を叩かれながら、ドストエフスキーやトルストイ、鷗外を耽読していたとあるのがうれしい。あの抑制された演技の土台に読書があったのだ。自炊暮らしの晩年も独り静かに本を読んでいたそうである。

『字統』『字訓』『字通』という破格の字書に心動いて八十六歳の白川静に会いに行ったのは、新聞記者は誰にも会えるという「特権」を利したのである。立命館の教授のとき、全学封鎖中も研究室には灯が点いていたとの伝説を確かめると事実であった。「在野」を貫いた碩学は「権威主義と学閥の愚かさを憎む」と断じ、戦時中を回顧して「軍人は嫌いだ」と言い放った。「連中は本を読まん。大言壮語するだけだ。それで戦に勝てるわけがない」。書棚に中江の本があった。話題にしたら、「ハハハ、僕も一生、本を読んだだけだな」と破顔一笑した姿が今も目の底にある。

白川から教えられた読書の心構えがある。
一、志あるを要す。
一、恒あるを要す。
一、識あるを要す。
及ばずながら、拳拳服膺している。

くすのき しげのり

児童文学作家。全国青少年読書感想文コンクール課題図書『おこだでませんように』（小学館）、や教科書掲載作品『ええところ』（学研）など、百三十タイトルを超える作品は、日本および海外で広く読まれている。

あたりまえであり続けること

図書館には、その自治体の文化に対する姿勢が如実に表れます。

これは、私が、「信州しおじり　本の寺子屋」にお招きいただいた際に、塩尻市立図書館を訪れて改めて思ったこと。もちろんそれは塩尻市立図書館が行政主体でありながら、柔軟な発想で運営され、来館者への質の高いサービスを提供していることと、何より「信州しおじり　本の寺子屋」に代表される文化活動のすばらしさを実感してのことです。

今から二十年ほど前です。教育現場から、当時、財政難に直面していた徳島県鳴門市へ出向した私は、鳴門市立図書館の副館長として、行政改革、図書館改革に全力で取り組みました。図書館長は生涯学習課の課長が兼務でしたから、副館長とはいいながら、図書館業務の管理運営、予算の獲得や各課との折衝などすべて私がやらなければなりませんでした。削減される予算の中、全国に先駆けての様々な改革、図書館を支援するために立ち上げたＮＰＯ法人との「協働」運営、文化活動の推進と、限られた条件のなかで最大限の効果が出せるよう図書館改革を進めました。が、それは、同時に理不尽なことや先例・慣習といったものとの戦いでもありました。こうした経験を基に、作家となり全国各地の図書館を訪れる度に、その図書館とそこで展開されている文化活動を見ています。

全国には様々な特徴を持つ図書館があります。すばらしい図書館は、まず予算ありきではなく、どのような図書館とするのかがしっかりと話し合われ、多くの人の願いが、行政上の最大限の努力により形になったものであることがわかります。もちろん図書館の根本的な力はレファレンスサービスをはじめ、司書の力にあるのですが、私がすばらしいと思える図書館はそうした司書の力も当然備えています。そして何より「信州しおじり　本の寺子屋」のようなしっかりとした文化活動が営まれているものです。

おそらく塩尻に住まわれている皆様にとっては、すばらしい図書館も、地域に根ざした、豊かで力強い「信州しおじり　本の寺子屋」の活動も、あたりまえのこととなっているに違いありません。しかし私は、それこそが大事なことではないかと思うのです。

二回目にお招きいただいた二〇一五年からはしばらく時がたちましたが、その間、私は、出版を取り巻く状況の厳しさ、電子書籍をはじめ読書形態の変化を肌で感じてきました。しかしだからこそ、本質を違えず、なおかつそうした変化に対応する塩尻市立図書館、そして「信州しおじり　本の寺子屋」でありつづけることを心より願っています。

窪島誠一郎

「無言館」館主・作家。一九四一年東京生まれ。印刷工、酒場経営などを経て、一九七九年「信濃デッサン館」を、九七年に戦没画学生慰霊美術館「無言館」を創設した。著書に『父への手紙』（筑摩書房）、『信濃デッサン館日記』（平凡社）などがある。

「書物浴」のススメ

私の営む戦没画学生慰霊美術館「無言館」（長野県上田市）には、「オリーヴの読書館」と名付けられた小さな図書館が併設されている。もともとは私の蔵書である一万冊ほどの本の「行き先」に困って一念発起した施設なのだが、今や私にとってもフッと自分にかえることのできる大切な空間となっている。

成績ビリケツだった中学時代の国語の教師に、長野県松川村出身の下澤勝井先生がおられて（九十二歳にして最近新著を上梓された）、教えてくれたのが本の「背表紙」の力だった。本はその内容から多くの知識や学問を学び、感性を育てることに役立つのはもちろんだが、じつは「書物」という存在じたいに人間の精神を浄化させる効用があるのだと。「まずは背表紙のならぶ書棚の前に立ちたまえ。それだけで君の人生は豊かになる」。

私は下澤先生のおかげで、テストの成績は芳しくなかったが、芥川龍之介の『鼻』や『蜘蛛の糸』や、太宰治の『人間失格』や『津軽』を読んで文学の面白さを知った。何よりページをめくっているあいだの無心な時間が好きだった。学力ゼロ、運動神経ゼロの劣等感を忘れ、なんだか図書館に入っただけでスキップしたくなるような勇気がわいてきた。

周知のように、「無言館」は日中戦争、太平洋戦争に出征し、志半ばで戦死した画学生の遺作が並ぶ美術館。絵を観終ったアトの、どこにももってゆきばのない思いと向き合う場所として、今では「オリーヴの読書館」は必要不可欠な空間となっている。そう、「無言館」は戦争や平和を考える美術館であると同時に、何より「自分」を見つめる美術館であってほしいというのが館主である私の希いだからだ。

僭越ながら、わが図書館の出入口近くには、私の書いた「書物浴のススメ」と題したこんな小文が飾られている。

本の光をあびる／そこに本がある／それだけでいい／それだけでホッとする
本の光をあびる／本の匂いをかぐ／本の鼓動をきく
読んでもいい／読まなくてもいい／今日一日を／書物浴の日にしてみないか

何しろ「本離れ」「活字離れ」が進むＩＴ万能社会だ。たまには、スマホ（電子書籍に背表紙はない）をとじて、パンツ一丁で書物の森に横たわることをお奨めしたい。

窪田雅之

一九五六年長野県松本市生まれ。松本市立博物館長を経て、重文馬場家住宅館長、信州大学ほか非常勤講師。著書に『松本平・安曇野・仁科の里　観音札所百番めぐり』(二〇一一)、『信州松本発。博物館ノート』(二〇一八)など。

学びを楽しむ「本の寺子屋」に期待

私は本務のほかに信州大学で、主に学芸員資格取得を目指す学生に生涯学習概論の授業を担当している。今年度も昨年度と同様、社会教育三施設――公民館・図書館・博物館――の現場職員（経験者）をゲストスピーカーに招いた。期末レポートをみると、予想どおり博物館と生涯学習に関連するものが多数であった。しかし、具体的に施設名と活動を記述したレポートは、塩尻市立図書館（以下「市立図書館」）に関連する内容のものが最多であった。長く、そして今も博物館界に身を置く私は、恥ずかしながら、いわゆる図書館の現況に疎い。しかし、図書館に最も慣れ親しんでいる学生たちにとっても、従来の事業から学びをはじめ市民の様々な活動を支援する場へと進化する市立図書館の在り方は新鮮だったようだ。学生が注目した、進化する市立図書館の事業の一つが「本の寺子屋」である。

図書館から送付された「本の寺子屋」開講記録に目を通した。講師は単に著名人というのではなく、テーマに精通した第一人者がほとんどである。ほとんどと書いたのは、そこに私の名前があったからで他意はない。開講の主旨は省くが多様な内容である。図書館・本・読書・出版関連のテーマが多いのは自明だが、塩尻市域や信州に関連するテーマもある。また講演会でのコトバだけでなく、企画展を開くなどモノへもアプローチできる学びも工夫され、コトバ&モノを学ぶ博物館的な一面も併せ持つ。「本の寺子屋」は、図書館の文化資源・本をベースに知恵の交流を重ねながら、地方で文化を創造し発信する場であろう。だとすれば、私は松本の胡桃沢勘内などが主宰した「話をきく会」の活動を思い浮かべる。この会は塩尻市とも縁の深い柳田国男や折口信夫をはじめ中央から名士を多く招いたが、功利的な面は皆無で、ひとえに知識の饗宴であった。活動期間は短いが、民俗・文芸・工芸などの諸分野で、この地方に新しい豊かな文化の種子を播く役割を果たした。

市民が気軽に足を運ぶ公共施設の代表は図書館であるという。塩尻市もそうだろう。市民が集まれば、市立図書館の幅広いサービスを活用した学びをベースに、知恵の交流や人と人との交流が生まれる。そこから人づくりの場が生まれ、この人たちがまちづくりのきっかけを得る場ともなる。そして新たな文化の創造と発信も。「本の寺子屋」には市民や地域との連携があり、そこには「楽しく学ぶ」ばかりでなく「学びを楽しむ」市民の姿もある。今後、「本の寺子屋」はどんな展開を見せ、どんな成果が生まれるのだろうか。

——「信州しおじり　本の寺子屋」からますます目が離せなくなる。

熊沢敏之

一九五三年生まれ。七七年、東京大学文学部西洋史学科卒業。筑摩書房入社。九三年、「ちくま学芸文庫」編集長。二〇〇四年、取締役編集局長。二一〜一五年、代表取締役社長。現在、法政大学・立教大学兼任講師。

思索する身体と図書館の快楽

塩尻市立図書館には目の快楽がある。新装成った年、はじめて館内を見せていただいて思わずうなった。読者のために考え抜かれた空間が、そこかしこにあったからだ。私が四十年ほど勤めた筑摩書房の創業者・古田晁《あきら》が塩尻市の出身だったことで、古田家に寄贈してきた小社刊行物のすべてが、この市立図書館に並ぶことになっている。筑摩書房の全出版物を一望できるコーナー――私に目の快楽をもたらした場所がここである。

図書館は本を読み「思索」に浸るところだ。しかし、それは頭のなかだけでなされるのではない。そこにいて楽しいと感じる、つまり「身体」が快楽を保証されるとき、思索は生き生きと、深く動き出すだろう。この図書館の一隅に、飲食しながら読書できる空間がある。ここも、「ちくま」コーナー同様、思索と身体との重要な結節点だ。両者の関係を意識した実践がこの図書館で試みられている。もっと注目する必要があるだろう。

一つの身体性――私たちが思索する際の、ある身振りが、この二〇年あまりで大きく変化した。たとえば、コピー&ペースト。昔は読書をしながら、琴線に触れた箇所を手ずから書き抜いたものだ。一字一句、祈るような思いで文字に起こしていくこともある。この身振りが徹底すれば、かつてあった「写経」という行為にきわめて近似してくる。逆説的だが、ここでは苦痛が快楽を生む決定的な要因になる。苦痛と快楽の弁証法だ。

だが、手書きの引用をノートに書きつける読者は、もはや皆無に近いだろう。「手の仕事」（ヴァレリー）がまた一つ、私たちから剥落した。データ上でカーソルをドラッグし、自身の原稿に貼りつけるだけで済む。思索する身体が変化を強いられている。コピペによって身体の苦痛が排除されるとともに、思索の快楽も息の根を止められる。倫理的に断罪しても始まるまい。この変化は、歴史的な転回点がもたらす不可逆のそれなのだから。

図書館がPDFファイルを提供することになれば、当然ながら読者にとってコピペ機能が便宜になる。図書館は、むろんこの変化に対応すべきだろう。だが、当の出版界はといえば、著作権保護を名目にPDFファイルにDRM（コピーガード）をかけ、読者を阻害しようとする。歴史の趨勢にいたって鈍感なうえ、思考停止にさえ陥っている。

いま考えるべきは、売上がじり貧状態にある出版界のSDGs（持続可能な開発目標）なのではない。読者を置き去りにした「持続」にいかなる意味があるのか。身体の快楽を生じない社会にあって思索はいかに可能なのか――問われるべきは、まずこれである。

小池昌代

一九五九年東京生まれ。主な著作に、詩集『野笑』『赤牛と質量』。小説集『たまもの』『かきがら』。他に散文集『黒雲の下で卵をあたためる』『通勤電車でよむ詩集』『ときめき百人一首』など。

消えた言葉

目覚めの瀬戸際で詩を書いていた。鉛筆と紙がないから、記憶のなかで書くことにした。何度も同じ行をいったりきたりし、そうして幾度も最初の行に戻った。一編は刻々と形になりつつあった。だがやがて、覚醒がやってきた。体を起こしたとたん、詩らしきものは、ぱっと消えた。はっとした。ああ、と悔やんだ。しかし、次の瞬間、あまやかなものが広がった。頭のなかで、幾度もぐいぐいと、繰り返し書いた言葉。それが水のように流れて消えた。痕跡すらもない。爽快だ。

そしてわたしは飛躍したことを思った。詩というものの中心の空白に、いま、自分が触れたのではないかと。いや、もしかしたら、すべての言葉は、何をどんなふうに配置したところで、ついには、こうして空白に至るものなのかもしれない。

本は読んでも忘れてしまう。小説だったらストーリーから忘れる。詩歌も忘れてしまう。言葉は消える。しかし何か、ほんのわずかな何かが残る。イメージといってもいい。思考の点滅といってもいい。方向性といってもいい。詩歌だったら、しらべ、といってもいい。意味ではない。内容ではない。

こんなに忘れてしまうのに、わたしたちは、どうして夢中になって本を読むのだろう。言葉はどこへわたしたちを連れていくのだろう。

本を読んでいて、顔をあげると、窓から怖いような夕焼けが見えた。山が見えた。空が、樹木が見えた。そのとき、本の外側に現実世界があって、わたしは自分が、そのなかに存在していることを思い出す。

椅子から立ち上がり、家を出る。外を歩き、電車に乗り、また本を読み、駅で降り、人に会い、また帰ってきて、本を読む。そんなことをしているうちに、本のなかの世界と現実の世界とが、ふいに接点を持つことがあった。本のなかに書かれてあったことで、よくわからなかったことが、現実を通すとわかることがあった。それはある日、唐突にやってきたり、読んでから何年も、何十年もたって、やっと腑に落ちる、ということもあった。

わたしはいつも、同時に何冊もの本を読んでいたが、ある一冊の本の中に書かれていたことと、別の本のなかに書かれていた言葉が、いきなり繋がることがあった。あることを知りたいとき、そのヒントは、実にたびたび、まったく無関係の、遠い本のなかに隠れていた。本の内と本の外。無数の神秘的な関係の網。そのなかで、わたしは生きている。

小寺卓矢

北海道の森を撮影する写真家、写真絵本作家。著作を発表する傍らスライドトークや写真絵本作りワークショップなどで全国を飛び回る。主な著作に『森のいのち』『いろいろはっぱ』（どちらもアリス館）など。

本と森

「本の世界」って、ちょっと「森」に似ている。

森林を主な撮影フィールドとするカメラマンとして、また森にまつわる写真絵本の著者として、ぼくは時々そんなことを考えます。

類似点はまず、その世界が「唖然とするほど多種多様なものたち」で作り上げられているということ。小さいものや大きいもの、地味なものや派手なもの。また、やわらかいものやかたいもの、分かりやすいものやよくワカンナイもの。はたまた〝広さ・明るさ〟を目指すものや〝狭さ・暗さ〟の中でこそ輝くもの――。よくもまあ、こんなにいろんな在り様のものたちが寄り集まったものです。しかもその多様さは、いまこの瞬間も止まることなく変化し続けている。それ自体、まるで一個の生き物です。

類似点がもう一つ。それは、そんな雑多なものの集まりにいのちを与え、動的に生かしめている原動力が「出会いとつながり」だということ。

例えば、己の生き様を一つの表現物に昇華させたいと願う著者がいて、他方に、ある表現物をより鮮烈に世に示したいと願う編集者や出版人がいて、その二者が出会う。また、その間に生まれ落ちた出版物の魅力を世に知らせたいと願う書店員や図書館司書と、良書との出会いを希求する市民がつながる。もしかしたら、良書に触れたその市民は「ああ、この本をあの人にも……」と思い立ち、家庭やら職場やら学校やら病院やらにその本を携えて行って、だれかにそっと手渡すかもしれない。

物理的実体や具体的行為が取り持つ〈だれかとだれかの邂逅〉。その中で折り重なるように綴られてゆく生き物同士の〈願い・希求〉。一つひとつの出会いとつながりはとても静かでささやかなものでも、生々しくリアルに結び合ったとき、それは一個の円環を成し、それ自体のいのちを宿す。

やっぱり、本の世界と森はどこか似ています。どちらもとても生き物らしい世界です。いわば生態系。そして、ひとたび足を踏み入れて奥へ奥へと導かれ、ついに自分もその一員になったとき、ますますオモシロくなってゆく世界でもあります。

本を、書く、編む、装う。読む、解く、評す。だれかに手渡し未来へ託す。世界への〝入り方〟は何でもいい。小さくとも〈生きた願い〉が、さらに雑多に、さらにリアルに「本の寺子屋」でつながりますように。しおじりに、深ーい森が生まれますように。

後藤正治

一九四六年京都市生まれ。ノンフィクション作家。『リターンマッチ』で大宅壮一ノンフィクション賞、『清冽』で桑原武夫学芸賞を受賞。近著に『天人』『拗ね者たらん』『拠るべなき時代に』など。

習慣病の余得

長く、出版業界で禄《ろく》をはんできたが、近年、元気の出る話はあまりない。活字離れがいわれて久しい。もともと硬派の出版物の売れ行きは限られていたし、毎朝、新聞を読む人々も少なくなっている。柄にもなく、はて、これからの日本社会はどうなってしまうのだろう……と憂い顔になってしまう。

ネット社会が急速に進行する中、紙媒体から電子媒体への移行は世の流れであろう。出版業はなだらかな衰退の道を歩んでいくのだろうが、絶滅種になることはあるまい。人が言葉を不要とすることはあり得ないし、「本」という形態も永く存続していくであろうと思えるからである。そのことを願いつつ、私的読書歴の一端を記してみたい。

少年期が一九五〇年代。町中に貸本屋があったころだ。当初は漫画であったが、出入りするうちに、いつの間にか本好きとなった。読書をむつかしく考えたことはない。小説、詩歌、時代小説、海外ミステリー、ノンフィクション、評論、エッセイ……ジャンルを問わない乱読派で、要は、読書はずっと楽しみごととしてあった。

やがて、資料や書評として読む仕事がらみの読書に追われていく。そのことは細々と続いているが、寝床の側の本棚には、仕事がらみではない、ふっと手がのびるという本が並んでいる。気に入った本は、忘れたころを見はからって繰り返し読む。再読、再々読、……読であるが、共通項がある。エンターテインメントではあっても、「ホント、そうだよな」と心から共感しうる一行があることだ。そういう本が、私にとっての良書であったと思う。

数学者にして無類の本読みだった森毅《もりつよし》という方がおられた。ご近所に住んでおられて、学生時代に講義を受け、人物ノンフィクションを書かせてもらう機会もあり、長く親しくさせていただいた。書庫に案内された折り、「（本を読むのは）病気なんでね。これは直らん」といわれたと記憶する。

年末になると、「今年の三冊」といったアンケートを寄せられることがあるが、苦手だとおっしゃる。旨かったメシを三つあげろといわれているようなもので、体内を通過してしまっていて出てこない。昨年末、同じ思いに駆られて、先生の顔がよぎった次第。

重症度は落ちようが、本に囲まれて暮らすという習慣病に罹患してきた。寝床かソファか、ごろんと横になって活字を追っている。そのうち瞼が重たくなって夢魔の世界へ溶けていく……。老いの中、そんな時間がいま、ささやかな至上のときとなっている。

小林浩

一九六八年生まれ。早稲田大学第一文学部卒。有限会社月曜社取締役。人文書の編集と営業に携わる。近年の論文に「再販制再論」（『ユリイカ』二〇一九年六月臨時増刊号所収）などがある。

自らが燈火となって

書物は未来の可能性へと開かれたタイムカプセルであり、図書館は過去からの贈物を収蔵した特異な場所である。たった一人では生涯をかけても読み切れないほどの数を揃えて保存するのは、書物が多くの人々にとっての共有財産であるからだ。人間社会の進展はこうした遺産の上に成り立っている。過去との絶えざる対話なしに未来はない。現在の社会に問題が生じているとすれば、それは歴史に充分に学んだとは言えないからではないか。

塩尻市生まれの編集者、中野幹隆《みきたか》（一九四三〜二〇〇七）は戦後日本における傑出した人文系編集者の一人である。彼は知の世界を探索する上で常に古代から現代までを往還し、古の鉱脈を未来社会の種と照合しつつ掘り起こし続けた。一方で、その問題意識を異なる分野の知性が同席する円卓の俎上に載せ、学際的という以上に異なるものたちの化学的な接合を生み出す舞台をも作ってみせた。その魔術的エディターシップは今なお出版人の模範たりえている。

塩尻市立図書館では中野が創立した出版社、哲学書房（一九八六〜二〇一六）の刊行物を網羅的に揃えている。編集者の功績は著者のそれと違って、書物の上に明示的な痕跡は残していないように思える。しかし、著者が中野に寄せる謝辞を巻末に見るたびに、読者は彼の隠れたわざを垣間見るだろう。書物は著者だけではない数多くの作り手たちの化身である。読み継がれるごとに新たに転生する書物は、読者の人生そのものに根を下ろす。

二〇一七年度の「信州しおじり　本の寺子屋」で「出版人・中野幹隆と哲学書房の魅力」と題してお話しをさせていただいた際、ご高齢の男性から「哲学書房の雑誌を読んでみたが理解できなかった」との声があった。長い人生で見るべきものはすべて見てきたであろう年長者が自身の理解の届かないなにものかと今なお出会いうるという世界は、なんと豊かな原野なのだろう。図書館はそうした未知との出会いに満ちみちている。

私たちは未知を手放してはならない。人生は見知らぬものたちとの遭遇によって新しくなるのだから。すべてを既知のように、当たり前のように見なしてしまうなら、それは暗い部屋で日々を退屈に過ごすようなものだ。中野幹隆は燈火を掲げて生きた。出版人は血と汗を燃料とし、肉体を燈芯とし、自らを燃やして闇を照らそうとする。肉体はいずれ滅びるだろうが、精神はバトンとなって読者の心に光を点さねばならない。

齊藤誠一

千葉経済大学総合図書館館長、千葉経済大学短期大学部教授（司書課程担当）。東京都出身。青山学院大学卒業後、一九七七年司書として立川市に入所。二〇〇六年より現在の大学の教員。筑波大学大学院博士課程前期修了。

〝想像〟が〝創造〟を生む〝場〟としての図書館

「本の寺子屋」十周年、おめでとうございます。

私がお招きをいただきましたのは二〇一三年でした。地域のさまざまな課題を市民の皆さんと一緒に考える図書館員の役割についてお話をさせていただきました。

今回も私が立川市の図書館で働いていた時のお話をさせていただきます。

私の手元に一冊の本があります。私の大切な宝物です。その本は、『立川村十二景を描いた父』（馬場啓著、けやき出版、一九九九）です。著者の馬場啓さんは、図書館によくお見えになる方で、その頃すでに定年を迎えられていました。来館すると私の所に来ていろいろなことを質問し、帰っていかれる方でした。特に立川に関する質問が多く、私も馬場さんの質問によって地域の情報を再調査することを繰り返していました。

ある時、馬場さんからお電話をいただきました。「齊藤さん、今日は図書館にいらっしゃいますか」「はい、います」「では、これからお伺いします」「お待ちしています。気を付けて来てください」このような会話が続き、私は、「また調べものだな！」と思いました。するとと来館した馬場さんは、「齊藤さん、今日はあなたに質問をするために来たのではないんです。実は、私、この本を作っていて、齊藤さんにいろいろなことをお聞きしていました。やっとでき上ったのであなたに二冊差し上げようと思って来たんです」

その本が『立川村十二景を描いた父』でした。馬場さんのお父様は立川生まれの日本画家で、馬場さんは、お父様のことを書いていたのです。私はまったく知りませんでしたが、この本を見た時に毎回のレファレンスは、このためだったのだと納得をしました。

私たちが行うレファレンス・サービスでは、情報を提供しますが、それがどのように使われ、どのようなものになったのかを知ることはできません。

今回の場合は、それが見えたのです。私が行ったレファレンス・サービスが創造物の中に活かされ、作品として私の目の前に現れたのです。

〝本を読むこと〟〝情報を調べること〟は、私たちのイメージを膨らませることに繋がります。そのイメージが新たな物をつくることに結びついていくのです。

図書館は、〝想像〟が〝創造〟を生む現象が繰り返される〝場〟なのです。

「本の寺子屋」の活動もそのような〝場〟だと思います。

酒井京子

一九四六年生まれ。童心社に入社後『おしいれのぼうけん』『14ひきのシリーズ』などの絵本を手掛ける。一九五七年童心社代表取締役社長に就任。現在は会長。紙芝居の普及にも力をそそいでいる。「紙芝居文化の会」代表。

コロナ後の図書館

塩尻市立図書館でお話しした時、忘れられないことがありました。「赤ちゃんの本」について話している途中、お母さんの胸の中にいた赤ちゃんが突然大きな声で泣き出したのでした。当たり前です。一時間もじっとしていなければならないのは、お母さんと一緒とはいえ、赤ちゃんにとっては苦痛以外のなにものでもないでしょう。

私は、とっさに紙芝居『ころころじゃっぽーん』を演じました。この作品はわらべ歌を歌いながら演じます。紙芝居を演じはじめると、泣いていたあかちゃんがピタっと泣きやんだのでした。私は改めて「わらべうた」は凄いと思いました。まわりの方たちもホッとしているのがわかります。会場全体が、赤ちゃんを心配していたのでした。そして、泣きやんでくれたことで、ひとつになったような気がしたのでした。ひとつの場で一緒に時を過ごすことが、どんなに人びとを結びつけることなのか？　私はそのホッとした空気の中で教えられました。

新型コロナウイルスは、人類を苦しめています。でも、多くを学び考えるチャンスにもなったように思います。その一つは、ハイテクが現在のような状況下では特に有効ではあるものの、人と人が直接会い、その呼吸を感じながら話すことがどんなに素敵で大切なことなのかということを、多くの人が改めて感じたことではないでしょうか？　私もzoomで会議をしなければならないことが多々ありますが、終了後に感じるのは、直接会って話したいという思いです。

コロナ収束後は、今までとは異なる生活がくるだろうといわれています。いずれにせよ、人と人が直接会うこと、会ってお話することが、もっと大切なこととして認識されなければならないと思います。図書館の活動も今まで以上に重要になっていくように思います。図書館は人との出会いの場所でもあるからです。もっと強く意識的に触れ合いの場を作る必要があるのではないでしょうか？　私は今まで、図書館で本を読んだり借りたりしてきてはいますが、館内ではあまりだれかとお話することはありませんでした。コロナで人との触れ合いの大切さや楽しさが切実さをもって再確認された今だからこそ、図書館に行ったら楽しく過ごしたいと望むのです。多分、人類と新しいさまざまなウイルスとの闘いは、続くでしょう。私たちは、最も人間らしいことを忘れないで生きていきたいと思います。

酒井潤一

信州大学名誉教授。理学博士、専門は第四紀地質学。野尻湖発掘調査団長、野尻湖ナウマンゾウ博物館館長歴任。主な研究テーマは第四紀の気候変化、御岳火山の火山灰層、松本盆地の生い立ちと活断層。

氷河時代に魅せられて

氷河時代とは、現在を含む、地球の歴史の最新三百万年間のことです。厳しい寒冷気候の時代であり、とても魅せられるような世界ではなかったと思います。十万年前に、アフリカを出た現生人類（ホモ・サピエンス）は、最終氷期（八万年前〜一・五万年前）の前半には、東南アジアとヨーロッパに達していました。日本列島に、このどちらかのルートの人たちが、ほぼ三万八千年前にやってきました。厳しい氷河時代を生きぬいた人たちのＤＮＡを、私たちは受けついでいるわけですから〝氷河時代〟には、何かしら〝なつかしさ〟を感じるのかも知れません。

　野尻湖でのナウマンゾウ発掘は、氷河時代の日本列島における旧石器人類とその文化、気候や環境などの解明を目ざしています。野尻湖底からの出土遺物は、五万年前までさかのぼりますので、現生人類かどうか大問題だと思っています。その第二十三次発掘は、この三月に予定されていましたが、新型コロナのため二〇二三年三月に延期されました。

私は一九六二年の第一次発掘から参加してきましたが、そのきっかけは一冊の本にありました。信州大学文理学部には、化学を学ぶつもりで入学しました。化学専攻の二年生のとき、教養科目の地学で、参考書として紹介された一冊の本に出合いました。それが、岩波新書の『地球の歴史』（井尻正二・湊正雄）でした。高校では、地学という教科があることすら知りませんでしたから、初めて知った地球の歴史は、衝撃的であり、繰り返し読みました。とくに、第四期・氷河時代の項には、強く惹きつけられました。結局、三年生になった四月に、地学専攻に進路を変更しました。

当時の地学教室は、教員四人で、学生は四年生一人、三年生一人、二年生一人の三人でした。講義は一対一のこともあり、コロキウムという科目は、先生四人に私一人というありさまでした。小林国夫先生の講義は、室内では年数回くらいで、大半は、先生の日帰り野外調査に同行するというものでした。氷河時代研究に関わる野外調査に同行することは、私にとって、何よりも有益な授業でした。卒業研究は、小林国夫先生のもとで、木曽谷の河岸段丘と火山灰層の調査でした。その狙いは、河岸段丘形成が氷河時代の気候変化の影響を受けているかどうか確認するということでした。卒業後、大学院に進学し、一年目の三月に、"野尻湖発掘が始まりました。野尻湖発掘に参加しつつ、"氷河時代の気候変化"が終生の主要な研究テーマとなりました。一冊の本に触発された、一研究者の歩みです。

酒井倫子

第二次世界大戦終戦の昭和二十年に小学校に入学した私が四年生になった時、受持ちの女の先生が読み聴かせてくれた宮沢賢治の『風の又三郎』に心うばわれて文学少女となり、のちに「絵本美術館森のおうち」を創った。

いせひでこ絵本原画展によせて

絵本美術館森のおうちは一九九四年四月に開館、今年四月で二十七年を迎える。開館以来塩尻市在住の私にとってえんぱーくは縁が深く、度々行き来をしてきた。「本の寺子屋」の御依頼で、森のおうちお話の会（同好会）では宮沢賢治作『水仙月の四日』の語り劇を公演。私どもの館とつながりの深い「いせひでこ展」がえんぱーくで行われる折は、原画展示のお手伝いをするなど様々な御縁をいただいてきた。

昨年暮、十二月一日から十二月二十八日には再び「いせひでこ絵本原画展」の御要望があり、当館職員原田朋子と学芸員米山裕美が画家からお預かりしている賢治の『ざしき童子のはなし』、『よだかの星』の展示作業を手伝わせていただいた。

図書館のカウンターを通り過ぎた奥まった落ち着いた空間にコの字型の展示空間がつく

られ、右まわりで『ざしき童子のはなし』そして『よだかの星』をめぐり観ることが出来た。照明の具合も配慮されていて、落ち着いた温かな空間だった。

森のおうちでは度々展示の機会があり見馴れた原画であったはずなのに、久しぶりにつくづく眺めた絵たちに私は思わず心を奪われた。『ざしき童子』の前ではすでに遠野の空気の中で「明るいひるま……」と語り始めていた。

『よだかの星』では、小さな鳥たちにまで疎外されるよだかの悲しみが空の色、野の草々にまで感じられた。ことに山焼の火の赤はよだかの慟哭の深さそのものであった。そうだ、いつか画家から聴いたことがある。この悲しみの赤を描くために夕暮の東北本線を行ったり来たりして夕焼の赤を心に刻んだと。そしてよだかが飛んで飛んで飛んで星になるときの空の紅は、魂が昇華する時の炎の色。

「そしてよだかの星は燃えつづけました。いつまでもいつまでも燃えつづけました。今でもまだ燃えています」

このおしまいの絵の前で私はしばらく動くことが出来なかった。

芸術を生み出すとはどういうことだろう。昇華するとはどういう意味だろう。このよだかが星になった姿に、いせひでこさんという画家の一つの到達点を観た気がした。

本の寺子屋を続けてこられた長田洋一さんと、えんぱーくを支えてこられた館長さんはじめ職員の皆様に心から敬意を表する。小さな田舎町の一隅に、このような志の大きい豊かな文化発信の基地があることは私たち市民にとって大きな喜びだ。益々のご発展を祈る。

サクラ・ヒロ

小説家。一九七九年、愛知県生まれ。大阪府出身。立命館大学文学部卒業。二〇一七年、『タンゴ・イン・ザ・ダーク』で第三三回太宰治賞を受賞。

塩尻から、二十一世紀のダ・ヴィンチを

先日読んだある本によれば、レオナルド・ダ・ヴィンチは五十歳前後のとき百十六冊の書物を所持していたそうです。万能の天才にしてはちょっと少ない感じもしますが、ルネサンス期のヨーロッパでは書籍は非常に貴重なもので、これでもまれに見る蔵書家でした。さぞかし高尚な書物揃いだろうと思いきや、蔵書の中にはラテン語の初期文法書や、子供向けのソロバンの本なども含まれていました。貧しい家の非嫡出子として生まれたダ・ヴィンチは少年期に正式の教育を受ける機会に恵まれなかったため、成人後、幅広い教養を身につけるために大変な努力を続けていたのです。彼は確かに天才でしたが、その才能を開花させたのは書物でした。

さて、ルネサンス期のフィレンツェと比べると、二十一世紀の日本は比較にならないほ

ど気軽に本を読める環境です。たとえ本を買うお金がなくても、図書館に行けば好きなだけ読める。フランスの社会学者ブルデューによると、人間の収入や趣味の多くは本人の資質ではなく、家庭にどれだけの「文化資本」があるかに左右される、といいます。彼の説が正しければ、本がない家で育つ子供は文化的に不利である。この格差を是正し、すべての人に学ぶ機会を提供することが、図書館の持つ役割の一つといえるでしょう。

実をいうと、私も本のほとんどない家で生まれ育ちました。それでも何とか、小説家という肩書きを持つに至ったのは、本を買う小遣いをくれた親と、図書館のおかげにほかなりません。

ただし今にして思うと、図書館をもっと活用すれば良かった、という悔いもあります。当時の私にとって、図書館は書店と比べて親しみやすい場所ではありませんでしたし、本がたくさんありすぎて、無知な少年にはどれを選べばいいのかわからなかったのです。もしも図書館がもっと美しい建築で、本の専門家の導きを受けるチャンスがあれば……そんな夢のようなことを、ときおり考えたりしたものでしたが、塩尻市立図書館こそ、まさにその夢を具現化した場所だったわけです。

開放的でモダンな建築、来館者がゆっくり過ごせる快適なスペース、豊かな蔵書。そして、本のプロが訪れ多彩なテーマで語る『本の寺子屋』。その講師の一人としてお招きいただいたことは、私にとって忘れがたく美しい思い出です。いつの日か信州塩尻の地から、二十一世紀のダ・ヴィンチが現れることを、願ってやみません。

櫻井寛

一九五四年長野県佐久市生まれ。昭和鉄道高校、日本大学芸術学部写真学科卒。出版社を経て九〇年に独立。「交通図書賞」受賞。著書は『オリエント急行の旅』『にっぽん全国100駅弁』など百冊を超える。日本写真家協会、日本旅行作家協会会員。

本を開けばたちまち、会える！

信州佐久に生まれ育ち、鉄道員に憧れて東京の昭和鉄道高校に入学したが、在学中に鉄道写真に魅せられて写真家に転向し、写真学科のある日本大学芸術学部へ。卒業と同時に世界文化社写真部に入社した。就職先には新聞社や広告代理店などの選択肢もあったが、写真家になり写真集を出すのが夢だったので、迷わず出版社を志望した。

実は学生時代に、銀座ニコンサロンで初の個展「惜別」を開催し、翌年には処女写真集『凍煙』出版という超ラッキーなデビューを果たしている。写真集の編集と装丁は元国鉄専属のデザイナーで、新幹線の塗装案や、グリーン車のマーク、特急「さくら」や「ゆうづる」のヘッドマークなど数々の鉄道デザインを手掛けられた黒岩保美氏。若輩者の荒削りな写真を、見事な一冊の作品集に仕上げて戴いた。それはまさに黒岩マジックの世界で、この本が、私の出版人生の羅針盤になったことは言うまでもない。

世界文化社には十五年間勤務し独立した。社員時代もフリーになってからも、多くの作家先生と旅する機会に恵まれた。とりわけ鉄道がお好きだった宮脇俊三さん、齋藤茂太さん、阿川弘之さんとの旅は忘れられない。特に宮脇俊三さんとは、スイス、イギリス、ドイツ、スペイン、アメリカなど延べ十五ヵ国、五度の海外鉄道をテーマとした旅のお供をさせていただいた。「旅は一人旅がいい。けれども海外は屈強なカメラマンと二人がいい」（オール讀物）。屈強なカメラマンとは、私のことである。

宮脇さん（二〇〇三年二月二十六日）、茂太（もた）さん（二〇〇六年十一月二十日）、そして阿川先生（二〇一五年八月三日）、お世話になった三先生方とも既に鬼籍に入られて、私としては寂しい限りだが、東京の西郊、多摩丘陵と多摩川に挟まれた拙宅の二階には、狭いながらも書斎がある。帰宅すると、まず犬と遊び、風呂にゆっくり入り、その後は書斎で眠くなるまで本を読む。北側の壁面全体が書棚になっているのだが、ガラス扉付きの、一番いい書架の最上段が、宮脇俊三さん、齋藤茂太さん、阿川弘之さんのコーナーである。活字離れ、本離れ、出版不況と言われて久しいが、本はいいものだなあとつくづく思う。本を開けばたちまち、先生たちに会えるのだから。

最後にSNSに一言。送信する前に、もう一度読み直ししてはいかがなものか。間違えたら削除は出版ではあり得ない。著者の他に編集者、校正者、校閲者、印刷人が目を光らせ、初校、再校、念校を経て校了となる。それでも初版本には誤字脱字がつきものなのだ。

佐高信

一九四五年、山形県酒田市生まれ。慶大法学部卒。高校教師、経済誌編集長を経て評論家。著書に『湛山除名』（岩波現代文庫）、『いま、なぜ魯迅か』（集英社新書）、『池田大作と宮本顕治』（平凡社新書）など。

タブーに挑む本

三月に『時代を撃つノンフィクション100』（岩波新書）を出した。およそ三十年前に出した『現代を読む　100冊のノンフィクション』（岩波新書）の改定新版で、大江健三郎著『ヒロシマ・ノート』（岩波新書）や服部正也著『ルワンダ中央銀行総裁日記』（中公新書）など重なっている本も少なくない。『時代を撃つ』の方の「あとがき」を私は「タブーに挑戦した作品の少ない貧血気味の出版界に手袋を投げるような気持ちで、この本を読者に送る」と結んだが、例えば田中伸尚著『ドキュメント昭和天皇』（緑風出版）全八巻や高橋篤史著『創価学会秘史』（講談社）は、タブー視されている天皇制や創価学会の真相をえぐった作品である。

私は二月に『佐藤優というタブー』（旬報社）を出したが、ベストセラーを連発し続ける佐藤を〝雑学クイズ王〟と定義づけ、彼に「知識」を感じたことはあっても「知性」を感じじたことはないと批判した。

佐藤の博覧強記に魅せられる読書人は多い。しかし、彼の『池田大作研究』（朝日新聞出版）を読んでも、創価学会に対しては全く無批判であり、新自由主義者の竹中平蔵に対しても礼讃するばかりである。佐藤はマルクスについても該博な知識を披露するが、竹中礼讃とは矛盾するのではないか。あるいはクリスチャンを自称する佐藤が異教の創価学会を過剰なほどに持ち上げていいのか。

私は佐藤と二冊も共著を出している。その一冊の『喧嘩の勝ち方』（光文社）で、私が竹中をマクドナルドやパソナとの癒着を捉えて〝マック竹中〟や〝パソナ平蔵〟だと断罪すると、佐藤はこう言った。

「佐高さんの竹中批判、うまいんですよ。路線の批判じゃなくて品性の批判ですから。人格攻撃の一本で、ぐっと決めちゃうわけですからね」

そして、次のように続けたのである。

「僕はダメなんですよ。喧嘩の仕方の中で一つ弱点があって、相手が、よく本を読んでいたりとか、私がわかる範囲の学問の分野のところで、尊敬できる業績を残してると甘くなっちゃうんです」

問わず語りに、生き方と知識を分離させていることを告白しているが、知識はあくまでも知性を磨くための道具だろう。そして知性とはやはり批判力であり判断力である。多くのことを知っていても、自分で判断できなければ意味がない。知らないことが恥なのではなく、判断できないことが恥だということを私はとりわけ読書好きな優等生に強調したい。

佐藤直子

東京新聞記者。一九九一年入社。社会部の記者やデスクを経て、二〇一二年から一八年まで論説委員（人権、ジェンダー問題担当）。現在、特報部に所属。共編著に『マスコミ・セクハラ白書』『私にとっての憲法』など。

「記憶」をつなぐ三部作

受け止めてくれる人を探し求めている言葉や絵がある。韓国の作家たちが書いた『花ばぁば』『草（プル）』『咲ききれなかった花』（今年五月刊行）の三冊は、まさにそんな言葉と絵が詰まった本だ。作者は違っても、旧日本軍の慰安婦とされたハルモニ（おばあさん）たちの人生を描いたこれらの本を、私は「三部作」と呼んでいる。

「元慰安婦」問題は、軍の関与の下、戦地や占領地に「慰安所」が設置され、朝鮮半島から集められた女性たちが将兵の性の相手を強いられた犯罪だ。被害者は数万人以上とも推計されている。今年は韓国人の金学順《キムハクスン》さん（故人）が初めて被害者として名乗り出てから三十年。だが日韓の政治対立に翻弄され、根本的な謝罪と補償は終わっていない。

政府は九三年、河野洋平官房長官（当時）が「当時の軍の関与の下に多数の女性の名誉と尊厳を傷つけた問題」としておわびと反省の談話を表明したが、その後の被害者への対応は、真摯なものとは言えないだろう。もしこの談話にある通りに問題を解決していたなら、日本は今ごろ性差別や性暴力のない世界トップクラスの社会になっていたかもしれない。そう思うと残念だ。「被害者はウソをつく」「強制性はない」と性被害の証言を否定する言説も垂れ流されなかったのではないか。結局慰安婦の問題は「失われた三十年」と言うべき放置へとつながった。

日本社会の冷たい対応はハルモニたちを何度も傷つけた。沈達蓮《シムダリョン》さん（故人）の人生を描いた「花ばぁば」は、二〇一〇年に韓国でオリジナル版が出版された後に日本での出版が決まったが、「沈さんの証言が慰安婦に関する公文書と一致しない」という理由で刊行が見送られた。一度お蔵入りした作品が別の出版社から刊行されたのは八年後のことだ。

昨年翻訳出版された『草』は元慰安婦の女性たちが生活する「ナヌムの家」に暮らす李《イ》玉善《オクソン》さんの人生を描く。十四歳で朝鮮半島から連れ去られ、中国の慰安所に入れられた李さんが来日した際、「私が死んでも歴史は消せない」と祈るように語ったのを思い出す。

『咲きされなかった花』は、「ナヌムの家」で絵を学び、ずっと語れなかった悲しみや怒りを絵という芸術の中に昇華させたハルモニたちの素顔が描かれている。その一人の姜徳《カンドッ》景《キョン》さん（故人）は長野県の慰安所にいた人だ。

若い世代の作家たちが、ハルモニの心の痛みに寄りそうようにして書いた本は慈しみにあふれている。私はこの三部作を塩尻市立図書館にそろえてほしいと願う。

塩澤実信

昭和五年、長野県飯田市生まれ。出版ジャーナリスト。双葉社取締役編集局長をへて、東京大学新聞研究所講師。日本ペンクラブ名誉会長。主な著書に『雑誌記者池島信平』(文藝春秋)、『動物と話せる男――宮崎学のカメラ人生』(理論社)、『出版社大全』(論創社)ほか多数。

本の表情を読む

ＩＴ革命が話題に上ってから四半世紀が過ぎている。いまや、コンピュータ、インターネットの操作ができない者は、お呼びではない感があり、いまもって冊子頼りの卒寿者は、完全な時代錯誤おじさんに見られている。

つい最近、傑作小説『麻雀放浪記』で文壇に登場した阿佐田哲也こと、色川武大の電子出版全集が刊行され、その第一巻付録に、拙著『覆面作家　阿佐田哲也』が載録された。ペンネームの由来を明らかにした小品で、麻雀をすると、つい徹夜になり朝になるから、「朝ダ、夜明けにしようか」「いや、語呂がいい朝ダ、徹夜にしようよ」と相談の上、イントネーションに合った阿佐田哲也に決めた経緯を記した。

この内輪話は電子出版で読むことが可能だが、私は冊子の形で読みたい気持ちが強い。

こんな時代遅れにとって、万巻の書物に囲繞《いにょう》された図書館は、もっとも心の落ち着く場所であり、蟄居《ちっきょ》されたい個所の理想的なところでもある。

陋屋の狭い書斎、新宿は伊勢丹脇マンションの小部屋を占拠した七つの書棚を目にした人は、「ここは書籍が主で、君は本の使用人に過ぎないネ」と、したり顔で宣う。

たしかに、本棚とそこに収まる雑本に月々高い家賃を支払っているわけだが、〝本〟には出費を惜しまない〝吝嗇《りんしょく》じいさん〟でもある。

私が、出版にあこがれ、編集者になり、何度失業しても、出版業の周辺に職を求めて生き永らえてきたのは、信州人であったからだ。もの心がつく頃から雑誌や本を集め、耽読《たんどく》してきた……。それが習い性となって今日に至っているわけで、その根本は出自が信州だったから、と考えている。

独断と偏見ではあるが、日本でいちばん読書人が多い地方は、間違いなく信州であろう。従って蔵書家も多く、書斎は持たないまでも、書棚の二つや三つは備えているだろう。

わがことながら嫌な性分として、人の家を訪問した時、本箱、本棚を覗いて見たい思いが強い。その家の主の頭の中、心の動きが読めそうに思えるからだ。しかし、それは独り合点であって、インテリアとして本を揃える傾向もある昨今、こんな見方は通用しないだろう。それでも、本を買い、架蔵し、狭い家を本箱に占拠された人は立派だと信じている。

信州人は、この最たるものではないか。――まぎれもなく信州人の端くれ。ふるさと信州から東京に出て、四・五倍の在京暮らしであるが、信州人の矜持は持ちつづけている。

しど せんしゅう

ノンフィクション作家兼イラストエッセイスト。自身の体験を元に物流、ペット業界、心理ビジネス等の背景を伝える傍ら全国のワイナリーを巡り『日本ワインに首ったけ♪』を出版し、日本ワイン推進普及活動を行っている。

一杯の塩尻ワインから生まれた想い

「ワインは決して気取った飲み物ではなく、農産物であり各地域の産業である」と日本ワインを文化として、身近な地酒として、難しい知識を持たず気楽に飲んでいただきたいと伝え続ける私が初めて塩尻を訪れたのは、二〇一〇年の塩尻ワイナリーフェスタでした。全国何処を探しても、駅前に立った時に大きなワイナリーの看板が幾つも迎える街は塩尻の他にありませんが、日本で有数のワイン産地でもあるこの地に点在するワイナリーを、塩尻特産の漆塗ワイングラス片手に巡るこのイベント。

小雨の中、立ち寄った農協では農家の方が傘を持ってきてくださったり、通りすがりのタクシードライバーさんにワイナリーまで送っていただいたりと親切にしていただき、町が一丸となってワインイベントを盛り上げている様子がとても印象的で、この地は本当にワインが文化として地域に根付いていると感じられました。そこで、一杯のワインと出会って衝撃を受け、日本ワインの魅力に本格的に目覚め、自身の本の創作のテーマにまで選ぶに至ったこともあり、私にとって塩尻は思い入れの深い街となっています。

その五年後、私は日本ワインの本の執筆のために全国各地を取材に走りながら、ワイン仲間と共に塩尻にメルローの畑を借り、塩尻志学館高校でワイン醸造を四十年教えられた高山秀士先生の指導のもと栽培に通い続け、多くの方々と関わる中で更に塩尻の魅力にはまっていきました。その経緯から「信州しおじり　本の寺子屋」に、高山先生と共に呼んでいただき大変貴重な体験をさせていただきましたが、その会場にも多数のワイン関係者の皆さんがいらしてくださいました。

私の本は多くのワイン関係者の皆さんの生き様や背景を綴っていますが、購入くださった方々が、本を片手にワイナリーを訪問し、サインをしていただき集めて回るという、スタンプラリー台帳のように使ってくださっているというお話を聞き、このような活用方法ができるのは本ならではであると思い、改めて本の素晴らしさを痛感しました。

インターネットが普及し、私自身もネットで積極的な活動をしておりますが、やはり本を通じてリアルにお会いする人たちの声ほど確かなものはありません。

今後とも更に発展してくださることを心より願い期待します。

柴野京子

上智大学文学部准教授。出版取次会社勤務を経て二〇一一年、東京大学大学院学際情報学府博士課程満期退学（社会情報学修士）。NPO本の学校理事。著書に『書棚と平台――出版流通というメディア』（弘文堂）ほか。

しおじりの日常に本の記憶を

出版、メディアが専門なので、本のある場所をみつけると、写真に撮るのを習慣にしています。書店、図書館はもちろんですが、歯医者さんの待合室、蕎麦屋さんのテーブルの横、駅構内のフリーラック、青空市、資源ごみの回収所など、よく見れば、町には至るところに本があります。最近ではおしゃれなブックカフェやミニライブラリーも珍しくなくなってきましたが、少し前まで、本はもっと身近なところに存在するものでした。

たとえばちょっとわからない言葉を調べるための字引や、雑誌の付録についていた小冊子などは、日常の見慣れた風景でしたが、そうした隙間のような本はいつの間にか姿を消し、近所の書店に出向くことも少なくなっています。汎用性の高いスマートフォンに居場所を譲った、ということでしょうが、これらの事物に私たちが懐かしさを感じるのは、本に触れることが、ただその内容を頭に入れるにとどまらず、ひとまとまりの経験として記憶されていたからなのだと思います。

そうだとすれば、視点を変えて新たな経験を創り出していくことは可能です。デジタル世代の子どもたちにとってはタブレット端末が最も身近な存在かもしれませんが、それで彼らが本に触れる機会が失われたわけではありません。本が売れなくなった、とよく言われますが、人間はいまだに、誰かの考えをきいたり、物語に身を投じたりすることを欲します。私自身を顧みても、本や本棚との出会いで救われることは少なくないのです。

随筆家で、出版人でもあった山本夏彦は、本を読むのは死んだ人と話すことだ、と言いました（『生きている人と死んだ人』文春文庫）。だから生きている人と死んだ人を区別しない、と山本は述べるのですが、たしかに私たちは本を通じて、見知らぬ他者と会話します。本を読んで心が揺さぶられるのは、そこにいる誰かとの間に、新たなコミュニケーションの回路が開かれるからでしょう。さらに加えれば、その本が手元に届くまでには、多くの偶然と必然が積み重ねられています。そのすべてが「経験」として蓄積されるのです。

「信州しおじり　本の寺子屋」は、まさにそうした契機となる場所です。他者とともに、他者の話に耳を傾け、その先にはいつでも本と図書館がある。図書館には、すでにいくつものつながりが用意されていますが、そこに一人一人の履歴が重なれば、土地に根ざした「本のある日常」が生まれるはずです。それこそが新しい経験であり、次代に継承される懐かしい本の記憶になるのではないでしょうか。

嶋田学

京都橘大学文学部教授（司書課程）。豊中市立図書館（大阪府）、東近江市立図書館（滋賀県）、瀬戸内市民図書館長（岡山県）を経て、二〇一九年より奈良大学教授。二〇二二年から現職。著書に『図書館・まち育て・デモクラシー』（青弓社）。

「本の寺子屋」というコモンズ

私たちの日常は、昨日をなぞるような繰り返しの中で平板に過ぎてゆくことが多い。もちろんちょっとした事件は起こるし、心に波風が立つこともある。しかし、ふと立ち止まり、自分や自分が大切にしている価値観について少し考えてみる機会というのは、自然に立ち現れるものではない。それは、自分が少し前のめりになって考えたり、問いを投げかけたりすることで意識化される。あるいは、読みかけの本の一節が記憶のひだからこぼれ落ち、意識の見開きに立ち現れて、自身が気に留めていた心象と向き合うこともある。いずれにしても、そこには、主体的な思考なり読書という知的活動が介在している。

自分が生きる上で大事にしたいことは、体内時計に促されて寝たり食べたりするように習慣的に私たちの意識を動機付けない。だから漫然と一日を過ごすということを反省なく繰り返せば、自分にとって大切なことについて考えることなく人生の時間を費やしていく事になる。それでも、穏やかで取り立てて難儀を感じることもない日常を、ありがたく過ごせる幸運もあるだろう。

しかし、一方で私たちは退屈という感性を持っている。人はふとした時間を暇と感じ、その欠乏感を埋めようとする生き物である。その退屈を何で埋めることができるか。その選択肢が豊富にあることが文化の豊かさではないだろうか。

本は、私たちの寄る辺ない生というものへの不安や生きる意味への葛藤を、いろいろな語り口で励ましてくれる。それは物語であったり、自然の不思議さを探求する謙虚さであったり、あるいは私たちや宇宙の存在そのものを問い質す果てのない思考であったりする。ともかく私たちは、生きていることにそれぞれの意味を見つけようとし、その瞬間が生きるに値するという実感を無意識に求めている。

このような人生においてその意味について考えたり、生を成り立たせている環境や時間の美しさを感じたりする機会をもたらしてくれるのが、本である。その本へのゆるぎない信頼と畏敬を、人々と語り合い分かち合おうとする営みが「本の寺子屋」なのだと思う。

苦難に向き合っている人にも、幸福感に満たされている人にも、生という時間は等しく与えられている。自分が向き合っている現実に、どのような意味を見いだすかが、その人の生き方である。その意味の現われを、私たちの精神にもたらしてくれる本というものを、「本の寺子屋」という学びのコモンズで高め合いたい。

清水眞砂子

一九四一年、現在の北朝鮮は元山に隣り合う町で生まれる。四六年引き揚げ、以後両親の故郷で育ち、今日も同じ地区に在住。高校九年、短大三十四年の在職経験あり。児童文学評論、翻訳に従事。今日に至る。

ひとりでいても、みんなといても

小さなことである。些細といえば些細なことかもしれない。が、二〇一九年八月五日、塩尻の「本の寺子屋」に伺って、(おや、ここは面白そう)と講演のスタート前から胸の高鳴りを覚えたのは、図書館の会場ホールに足を運んでこられる市民の方々にそれまで私が経験したことがないくらい男性が多かったことと、それもあってか、グループでやってくる方々がきわめて少なく見えたことだった。

私の仕事が子どもの本関係とあってか、伺う先々の会場にお越しの方々は女性がほぼ百パーセントを占める。たまに男性がおられるが、そのほとんどは関係の役職におられる方《かた》である。そして女性の大半は三々五々グループでやってきて、そのままグループで席を占める。

ところが、ここ塩尻の図書館では、それまで訪れた講演会場のどこよりも会場を占める男性の割合が高く、準備もあって早めに会場入りしてちらちらと客席を見ていると、男性に限らず女性たちもまた、たとえグループで入室しても、そのまま席を占めず、ばらばらに席に着く姿が驚くほど多く見受けられたのである。（面白い！）私は持参した資料を演台に並べながら、そっと人々の動向を窺い続けた。知り合いを見つけて、離れた席に手を振る方《かた》はいる。が、先方の隣席が空いていようと、身を運ぶ気配はない。（こんな聴衆は初めてだ！）私は楽しくなってきた。

話し始めてからが、また違った。会場の空気が爽やかなのである。風が吹き抜けていくのを感じる。会が終わってホールに出てきた人々の空気もまた違った。複数ではなく、単独で話しかけてきてくださる。男性に限らず、女性も。

ふっと「自立した市民」という言葉が脳裏に浮かんだ。塩尻の方々は（○○さんが行くから行ってみよう）と来てくださっているわけではないようなのだ。市民ひとりひとりが自らの意思で動いているように見える。講演後、本屋さんから拙著をお買い求めくださった方々との語らいもまた他所とは違った。身近な小さい人たちのために、もなくはなかったが、ほとんどの方が御自身が読みたくて買っておられるようなのだ。

「児童文学は女・子どものもの」との思い込みがまだ根強く残る中、「信州しおじり　本の寺子屋」に集う大人たちは大声でそんな風潮に抗うことはなくとも、時空を超えて、はるかな人々と静かな語らいを重ねながら、豊かな日常を営んでおられるように思われる。

正津勉

一九四五年、福井県生まれ。同志社大学卒業。七二年、詩集『惨事』でデビュー。新刊にエッセイ『つげ義春　「ガロ」時代』（作品社）、詩集『奥越奥話』（アートアンドクラフツ）。詩集、エッセイ、小説、評伝ほか著書多数。

寺子屋的

本の寺子屋。素敵な命名だ。そういって名のみでない。大いに実あり。当方、コロナ禍の巣ごもりのあいだ夢を見てきた。このような逼迫の時代だからこそ、寺子屋的、なるものの意義を再考できないか、と。ついては身近に手本があった。

白川静、世界的な東洋学者。この大碩学は福井出身、わが故郷人だ。静は書物を好んだが、本を買う余裕が家にない。そこに奇特な御仁がいた。「私の家の前に、もと小さな古道具屋を営む佐々木という家があり、主人は県庁の役人ということであった。随分と学問のある学究肌の人で、あまり出世をなさらぬという話であった」（「私の履歴書」）

佐々木小太郎だ。号、文苑。静は、文苑に師事し、橋本左内や橘曙覧《あけみ》の逸話を聞き、漢籍や古典の世界に憧れる。静は、小僧代わりに玄関番をし、夜間中学に学ぶ。この間も師に書簡で教えを乞う。「先生との文通が、私の一つの支えであった」。出郷から四年、病を得て帰り、文苑を再訪。べつの回想にある。「先生の家は、障子はあちらこちら破れ、道具の類いも乏しく、中国の史書に見られるような『家ただ四壁立つ』という状態でしたが、奥のほうには帙（ちつ）入りの書が、積んでありました。／のち中国の文人たちの伝記を読み、貧しい生活の描写に出会うたびに、文苑先生のことを思い出します」

昭和八年、立命館大学専門部（夜間）入学。中学校教諭をしつつ、三十三歳で大学卒業。予科教授となり、漢字研究に没頭する。戦中、戦後、三人の子どもを抱えて、学究の暮らしは苦しい。

我がために弁当二つ作りたりあとに食ふべきもの有りやいなや　（「卯月抄」）

静は、正月休み以外、毎日、二食の弁当持参で学校へ。夜十一時過ぎまで研究室中。わたしは目にしている、学園紛争中の立命館大学は白川研究室、そこだけ灯がつくのを。

大学に民主の嵐吹き荒れて我は一介の反動分子か

学問の鬼静。しかし長く世に知られず、出す本の多くは、ガリ版刷りで自費出版。なんと初めて印税を得たのは岩波新書を出した六十歳だとか。七十三歳、字書作りに取り組む。毎日、書き継ぎ、原稿五万枚超。十三年半かけて字書三部作を完成させる。

文苑師と、子弟静と。これこそまさに理想の寺子屋的の師弟とはいえないか。いまここで寺子屋的という夢想それをそう、あるいは地域コミュニティでも、はた左内は、弱冠十五歳で『啓発録』を著述、藩校に洋書習学所を新設するなど進取気性の志士。曙覧は、赤貧の生活のなか、国学を学び、「独楽吟《どくらくぎん》」ほか、感性豊かな歌を詠んだ自由愉楽の隠士。いざ我も先達を継がん。またリモート画面でもいい、あらためて近未来風なものに構築できないか……。

杉山亮

一九五四年東京生まれ。元保父。元おもちゃ作家。現在は児童書作家兼ストーリーテラー。主な作品に『名探偵ミルキーシリーズ』や『おはなし迷路ポスター』など。山梨県北杜市小淵沢町在住。

さて、大人たちにできることは?

昨年度、ベネッセが小学生対象に主催した「憧れの人ベストテン」に『鬼滅の刃』の登場人物が七人入ったそうだ。あとの三人は父親と母親と先生。

『鬼滅の刃』を批判しているのではない。念のため。漫画も読んだし、映画も観た。おもしろかった。その上で言うのだが子どもたちの視野の狭さに言葉を失う。『鬼滅の刃』は今まさに旬。でも、憧れの人や尊敬できる人というのは自分の中である程度、時の流れを乗り越えてスタンダードになった人でなければおかしい。

ここまで生きてきて、もっと小さい時から読んだ本の中に、憧れる人はいなかったの? 誰も心の中に住んでないの? 伝記だって読んだでしょ? それからこういうアンケートの時は、たとえ漫画が好きでも多少背伸びして偉人といわれる人を書こうとは思わなかった？

そんなこんなでこの結果は、子どもに向けて「あんな本があるよ、こんな本があるよ、文庫もあるよ、図書館もあるよ」と長年応援してきた大人たちの非力ぶりを浮き彫りにしたと思う。

本好きで子どもの頃から本を読んできた大人は、すでにこの国にはいい本もおもしろい本もたくさんあることを知っている。憧れのヒーローもヒロインもちゃんといる。本を友だちにした方が人生が楽しくなることも知っている。だから子どもたちにもお勧めしたい。もちろん、強制したら嫌われるだけだ。学校の勉強に役立つというい方も（仮に多少国語の成績が良くなるとしても）避けたい。

でもとにかく子どもたちの手に渡せなければ、おもしろいもつまらないも始まらない。

さて、それはどうやって？

大人たちがジャンルを越えてみんなで考えねばならないところだと思う。

なんだか、？マークばかりの文章になったが「名作が名作として認められるためには名作を名作とわかる人がどれだけ育つかにかかる」と考えると、とくに絵本や児童書に興味ない人も無関心ではいられないはずだ。

本の寺子屋は寺子屋と自称する以上、勉強の場だ。ふわふわした言葉で終らせるのでなく、きちんと現代の本事情を考える場であってほしい。

同時に「勉強というのは楽しいものだ」ということを実証する場でもあってほしい。

外岡秀俊

作家・ジャーナリスト。元朝日新聞東京編集局長。北大公共政策大学院上席研究員。小説に『北帰行』、『カノン』(いずれも河出書房新社)、『地震と社会』(みすず書房)、『3・11複合被災』(岩波新書)など。

「ウイズ・コロナ」時代の出版文化

先日、日本の「メディア史」の本を読んでいたら、明治維新がいかに日本人のコミュニケーションの在り方を変えたのか、という記述があった。幕藩体制まで、コミュニケーションの基本は上意下達。それが、志士たちの「横議」に揺さぶられ、維新後には新聞・雑誌が叢生して投書や講演会、演説と結びついて文字通り「下からの多事争論」が沸騰した。

当時の新聞・雑誌にはルビが振ってあったから、仮名を読めれば漢字も覚えられ、膨大な識字人口が生まれた。読書は士族や僧侶の専用領域でなくなり、書籍が万人に開かれるようになった。出版文化の隆盛が続いたのも、当然だったろう。

ではその後はどうか。大正期のラジオや映画の普及、戦後のテレビ放送開始と、何度か大波が訪れた。だが新聞・雑誌・出版はラジオやテレビと併存しながら活況を呈した。

その構図が崩れたのは一九九五年のインターネット供用開始以来、今の「ＳＮＳ時代」にまで至るメディア革命だったろう。

「個」が手軽に万人に発信できる時代では、新聞・出版・テレビといった装置産業の優位性は失われ、購読者や視聴者、広告を奪われて産業としては長期低落が続く。

では、出版文化に未來はないのか。そんなことはない、と私は思う。本は、著者と読者が対話する空間であり、それ自体が時代を超えるメディアであるからだ。読書とは、何度読んでも「一期一会」の体験であり、心を耕し、心に栄養を与える劇的体験なのだと思う。

二〇二〇年に世界に広がったコロナ禍は、私たちに「不要不急」の音楽や演劇、イベントや集会がいかに貴重な「必需物」であるかを教えてくれた。同じように、成人千人余りを対象にした同年十一月の調査では、二割近くの人が「読書量が増えた」と答えた。「隔離」によって生じた「孤独」が、読書の大切さや喜びに気づくきっかけになったのだろうと思う。

「信州しおじり　本の寺子屋」は、たんなる読書運動ではなく、本をめぐって人と人がつながり、「メディア」としての本を再認識する活動を続けてこられたと思う。

その「つながり」としてのメディアは、「ウイズ・コロナ」の時代にこそ必要な機能であり、ＳＮＳ全盛の時代にも、十分魅力的な「必需空間」であり続けると思う。

皆様がこれまで大切に見守り、太い幹が多くの枝を伸ばし始めたこの木を、どうか大樹にまで育てていただければ、と切に願う。

田揚江里

元東京都公立小学校司書教諭、元日本女子大学非常勤講師、元東京学芸大学非常勤講師。

子どもたちに学びの手立てを

大学の司書教諭資格取得の授業では探究型学習の体験課題を設定していた。大学までの学校教育において、多くの学生は自らの問題意識で課題設定し、追求した結果に意見を加え、まとめ発信する指導を受けていない。司書教諭として学校図書館の利活用を推進するには、その手立てを体験することが有効であると考えたからだ。

そんな中、ある学生が「〝やつ〟って本当に悪い言葉なのか」をテーマに調べてきた。一、二年でのレポート発表時に「やつ」という言葉を使い、二人の教授からその言葉遣いを注意された。その後、バイト先で「ブラックコーヒーが欲しい」と言う年配の男性客に「黒いやつですね」と答えたところ、「君、失礼じゃないか」と叱られ、「そんなにいけない言葉なのか」と疑問に感じたことがきっかけだった。このテーマは実際に着手するとうまくいかず、次の課題を考えたが、なかなか思い浮かばない。何の問題意識もなく生活をしている自分に愕然としたという。完成半ばで時間切れになり発表を迎えた彼女は「このテーマをとても気に入っている、是非最後まで追究したい」と生き生きと報告した。授業後、「私、〝学ぶ〟ってどういうことなのかやっとわかりました。専用ノートもつくったので完成したら二人の先生にも報告に行きます」と伝えに来た。こちらが嬉しくなった。

この課題解決のために学生たちの公共図書館利用が増えるが、「レファレンスサービス」を知らない学生も多い。「レファレンスサービスデビューしました！」「こんなに便利なサービスがあったんですね」「司書さんたちすごいですよ」と、予想外の分類の書架から資料を提供する図書館員の鮮やかさに感動し、皆で盛り上がった。「探究型のスキルは中学で教えてほしかった」という声も多い。

学校司書配置を求める住民の声を受け、自治体で配置を進める地域が少しずつ増えているが、行政も学校現場も学校図書館は静かに読書をする場という認識から抜け出せていない。学校教育の根幹を支える施設・機能としての位置づけはまだまだである。公共図書館が資料提供に加え学校図書館機能を支えているところは、持続的な活性化が図られているように感じる。公共図書館が「夏休み調べ学習教室」などを主催し、学校では指導されていない探究型学習のスキルを教えながら子どもたちが自由研究に取り組むところもある。

探究型学習は小中高生が学び方を知り、学ぶ姿勢を培うだけではない。生涯にわたって自由な学習の条件のもとに学び続ける市民を育てることにつながっている。

高峰武

一九五二年、熊本県玉名市生まれ。早稲田大学第一文学部仏文科卒。一九七六年、熊本日日新聞社入社。編集局社会部、東京支社編集部長、社会部長、編集局長、論説委員長、論説主幹などを経て、現在は熊本学園大学客員教授。主な著書に『8のテーマで読む水俣病』(弦書房)、岩波ブックレット『水俣病を知っていますか』、編著に『完全版　検証・免田事件』(現代人文社)、『熊本地震2016の記憶』(弦書房)など。

活字が残す精神の世界　免田栄という人生

今、一人の男の人生を活字で振り返る作業を続けている。

名前は免田栄という。わが国で初めて確定死刑囚から再審無罪になった人である。直接的な付き合いが始まったのは一九八三年七月十五日。この日、免田さんは熊本地裁八代支部で強盗殺人罪の被告人から、晴れて再審無罪になった。一万二千五百九十九日に及んだ本件での勾留、獄中生活を終えた免田さんを取材記者として裁判所の玄関で待ち受けたのだが、ハンドマイクから聞こえた第一声は「自由社会に帰って来ました」だった。以来約三十八年間、免田さんと折に触れて交流を続けてきた。「あんたは最後まで、俺と付き合うのか」。ある日、こう問いかけてきた免田さんに、酒の勢いもあって「当然でしょう」と答えたのが直接のきっかけだが、この三十八年間、取材仲間と誕生日や無罪判決の日といった節目節目で免田さんや妻の玉枝さんと食事をし、カラオケのマイクを握ったりしたものだ。

一昨年だったと思う、玉枝さんから相談を受けた。「免田が獄中で使っていたものや手紙などがあるんだけど、どうにかならんね」。何とか役立ててほしいということであった。私と同じ新聞社で一緒に事件を担当した甲斐壮一氏、それに地元テレビ局の牧口敏孝氏の三人で「免田事件資料保存委員会」を作り、資料整理を始めた。資料はおよそ段ボール二十箱分。話を聞いた熊本大学文書館が資料の一括保存を申し出てくれ、作業は熊本大学で行うことになった。

そこで遅まきながら気付いたのだった。なぜ、これまでこうした作業をしようとしなかったのか、と。免田さんが歩いた、あるいは歩かされた軌跡は、免田さんにとっては過酷なものだが、私たちにとっては前例のないもので、事件が照射するのは、私たちの社会の「暗点」そのものなのである。獄中からの手紙、とめどなく出され続けた上申書等々、自由を奪われた生の中で、免田さんが頼ったのはたった一つ、それは自分の言葉であった。潮谷総一郎という教誨師にあてた約千通の手紙は、キリスト教を知り、六法全書を読み、世界を知っていく一人の日本人の精神の貴重な記録である。

資料集は『検証・免田事件　資料編』（仮題）＝現代人文社＝として今年秋の出版を目指している。本当は免田さんに見せたかったのだが、免田さんは二〇二〇年十二月、九十五歳で亡くなってしまった。免田さんが逮捕から三十四年後に戻った「自由社会」はほろ苦いものであった。しかし、それでも免田さんは言葉を残した。そして活字を残した。「言葉と活字」。この二つが持つ鋼のような力を段ボール二十箱の資料などから今、教えられている。

竹内利明

ビジネス支援図書館推進協議会会長、電気通信大学産学官連携センター客員教授、地域活性化伝道師（内閣官房）、中小企業応援士（中小企業基盤整備機構）、人を大切にする経営学会副会長。

利用者の期待を超えるビジネスレファレンス

ビジネス支援図書館推進活動に携わり二十年が経過しました。図書館関係者の認知と普及は進み、全国の都道府県立図書館が提供するビジネス支援サービスは、内容や水準に相違はあるものの、提供しない図書館はほとんどなくなりました。市町村立図書館でも図書館設置自治体の約四割が何らかのビジネス支援サービスを提供するようになりました。

現在の課題は、ビジネスパーソンがビジネス支援サービスの有用性を認知して積極的に利用するようにすること。これを実現するには、ビジネスパーソンが満足するサービスを提供することです。その為には、司書のビジネス支援能力を高める必要があります。基礎的な教育としては、ビジネス支援図書館推進協議会が提供するビジネス・ライブラリアン講習会があります。これまでに二十回開講し、五百二十九名が受講しています。受講者は、全国で図書館のビジネス支援サービスを支える中核人材として活躍していますが、もう一段レベルの高いビジネス支援サービスを提供していかないとビジネスパーソンが積極的に利用するようにはなりません。その為に必要なことは、ビジネスパーソンの期待を少し超えた情報提供をすることです。図書館の現場で行われるビジネスレファレンスにおいてビジネスパーソンと図書館の司書がしっかりコミュニケートし、ビジネスの状況を的確に把握して、期待を超える情報が提供されることで初めて、過去に醸成された図書館とビジネスは相容れないのでは、というイメージを払拭することができます。このような期待を超えるビジネスレファレンスは、ビジネス経験のない司書には無理と考える傾向があります。しかし、ビジネス支援が専門の中小企業診断士等でさえ、あらゆる業界の専門性を有する人はおらず、相談者の話をしっかり聞いて、自ら有する専門性と経験値を基本に調査してアドバイスします。司書は情報の専門家という立場で調査してレファレンスに対応していけば、必ず期待に応えることができ、経験を重ねていけば期待を超えるレベルに成長します。そこで、ビジネスレファレンスは、その場で回答せず調査してから回答することを制度化することを提案します。しかし、それでもビジネス関連の参考資料やデータベースを十分に購入できない市町村立図書館では期待を超えることには限界があります。これを支援して欲しいのが都道府県立図書館です。優秀な専門職司書が多数在籍する都道府県立図書館が市町村立図書館のビジネスレファレンスの支援を優先することを期待します。

田中欣一

日本思想史家。長野県白馬村出身。一九二九年生まれ。研究テーマ「道とは何か、歩くとは、歩く宗教、道元、良寛」。著書『塩の道を歩く』『水よ語れ』『生と死の風景』『新更科紀行』『信州大紀行(全七巻)』信毎賞受賞。

水は歌っている　踊っている

「本の寺子屋」とは何と素晴らしいネーミングであることか。この名に魅せられて、受講をした知人が何人もいる。突然だが上高地は景観の聖地だ。穂高岳の山肌からも、梓川の清流からも、「渓声山色」が湧き立つ。本の寺子屋からもそんな清冽な印象が伝わる。

初めて上高地を訪れたのは昭和三十年代末頃だった。河童橋周辺は観光客でごった返していた。芥川龍之介の『河童』の住処《すみか》はどこかなと探す真似をしながら、昼食会場へ向かった。会場は梓川べりの広い河原だった。すでに大勢が昼食をとっていたが、立ち去ったあとを見ると、一面のゴミ。残飯類は近くの藪《やぶ》に放り込んだり、目の前の梓川に打《ぶ》ちまけていた。

昼食のあと穂高神社の奥宮がある明神池に向かった。煙草の吸い殻、瓶《びん》・缶《かん》類の散乱地帯だった。上高地でさえそうだったのだから、他は推《お》して知るべしの時代だった。
○日本の河川は下水道化し、○道路の側溝はゴミ捨て場となり、○これは便利と横行したペットボトルの空瓶は日々山と積まれ、○プラゴミは地球全土を覆い、○始末の悪い原発ゴミは行き場がなく、○地球壊滅とうわさされる温暖化は加速するばかり。○汚染は地上のみか、地中・海中・大気におよび、○汚して来た元凶は、魚でも鳥でも動物でもなく、ホモ・サピエンスと嘯《うそぶ》くヒトの仕業《しわざ》。○先人が培《つちか》ってきた清貧・つましさの思想はどこへやら、便利・功利・軽佻浮薄・消費文明・捨てる文化へとひた走ってきた。
さてそんなある日、松本市里山辺の薄宮《すすきのみや》神社を訪ねる機会があった。入口に小川が流れ、小さな板橋が架かっていた。川岸の野の草は正に百花繚乱《りょうらん》。木漏れ日が小波《さざなみ》を照して金波・銀波の景。サラサラと流れる清流は妙《たえ》なる楽音を奏でていた。

その時だった。先ほどの木橋の袂《たもと》にT字型の小さな立て札があり、そこにごく自然体の筆字で「水は歌っている　踊っている」とあるのを見つけた。私は近所の家を廻って立て札はどなたがなさったのかを尋ねた。誰も「知らない」と言うのだった。聞くことができたのは、あの橋のところはここの人たちのゴミ捨て場だったこと、小川は荒れて無惨だったこと、立て札が立てられてからは、ゴミを捨てに行って立て札を見つけると、思わず後退《ずさ》りしてゴミを持ち帰ったということだった。

本の寺子屋が世に覚醒を促さんとする願いは、真っ直ぐに「水は歌っている　踊っている」「渓声山色」に通じていると思っている。

常世田良

立命館大学教授。元浦安市図書館長、元文科省、現高知県、堺市、舞鶴市などの審議会委員、塩尻市市民交流センターアドバイザー会議会長。「えんぱーく」に二十年近く関わる。著書『浦安図書館にできること』（勁草書房）など。

「本の寺子屋」を産み育てる力

「本の寺子屋」の取組みのすばらしさ、地域に対する貢献度等については他の方々が充分に語っておられるので、私は「本の寺子屋」を生み出した塩尻市立図書館について考えてみたい。

運の良い人と運の悪い人がいるように、図書館にも運の良い図書館と運の悪い図書館がある。運の良い図書館は、優れた図書館になるための条件が不思議とそろってゆく。運の悪い図書館は、関係者がいくら努力しても、障害が次々に立ちはだかる。

運の良さの最たるものは「人」である。図書館は「人」によって生み出され育てられるからである。まずは自治体のトップに人を得なくては優れた図書館は生まれない。かの日野市立図書館、浦安市立図書館しかり、最近では愛知県の安城市、東京の多摩市など優れた図書館はすべからくトップに恵まれている。

塩尻市立図書館も例外ではない。現小口市長の先進的な図書館政策がなければ現在の「えんぱーく」も図書館も、そして本の寺子屋も存在してはいない。別に「よいしょ」するわけではない。現在の我が国の行政システムでは、担当部局だけで先進的試みを実現することはほとんど不可能だからである。自治体のトップが先見性とリーダーシップを発揮して、前例を打破して進めなくては実現しない。リスクがあるように見えるので、行政内部や議会では危惧する声が上がり市長選挙の争点になることも多い。しかし図書館を発展させてきたトップの方々には成功が見えていたのではないか、と思う。つまり将来を見通せる非凡な政治家であったといえるのである。

図書館の本質を理解しているトップは当然優秀な人材を図書館へ投入する。結果、さまざまなことが好転していく。一般的には我が国の行政ヒエラルキーでは図書館は最下位である。したがって優秀な人材が配置されることはまれである。いやほとんどない。塩尻市の場合は、伊東元館長元センター長をはじめとして有為の人材が配置された。そして最も重要な要素が市民という「人」である。他市では考えられない長期にわたる準備期間に、実に大勢の市民と、その代表である議員の方々が参加したこと自体が驚異的である。ここまで考えると、一見運の良さに見えたものが実は、「人の営為」であったことに気付くのである。「人事を尽くして天命を待つ」、人事を尽くさなければ運は向いてこない。これからも図書館を発展させるために「人事を尽くす」伝統を守っていただきたいと思う。

富澤一誠

「この本、暇だったら読んでみなよ」

一九七一年、東大在学中に音楽評論活動開始。『フォーク名曲事典300曲』等著書多数。ラジオ、テレビのパーソナリティー&コメンテーターとしても活躍中。尚美学園大学副学長も務めている。

「この本、暇だったら読んでみなよ」

彼はそう言って一冊の本を置いた。手に取ってみると『若き実力者たち／沢木耕太郎』（文藝春秋刊）とある。ページをペラペラとめくると、山田洋次、尾崎将司、小沢征爾などの名前が、彼らの顔写真と共に目に飛び込んできたので「人物論ですか？」と尋ねると「まあそんなところだ」と彼は言う。

「しかし、ふつうの人物論じゃない。たぶんキミのためになるから、ぜひ読んでみたまえ」

当時、私は二十五歳だった。「音楽評論家」になって五年目。恐いものは何もない時期だった。単行本も『あゝ青春流れ者』『フォーク対談集』『俺の井上陽水』と既に三冊出しており、特に新刊の『俺の井上陽水』は〝陽水ブーム〟ということもあって、話題を呼びベストセラーになっていた。そのためか「俺の井上陽水」を読んだたくさんの編集者から原稿依頼が殺到していた。彼もそんな編集者のひとりだった。

「ためになる」と言われたので、それなら読んでみようと思った。するとどうだろうか？ページをめくるたびにどんどん惹きつけられていくのだ。「すげえや、これは…」「まいったな、まったく…」。読み終えて出るのは驚嘆の独言と溜息ばかりだった。それはやがて悔しさに変わってきた。構成力、文章力などすべてにおいて私より優っていた。

二十五歳の私は、沢木氏が二十五歳のときに書いた『若き実力者たち』を読んで「私には書けない」と認めざるをえなかった。完全に負けている。そう思うと、悔し涙がボロボロと流れた。そのとき、いつか『若き実力者たち』を超える人物論を書こうと固く誓ったものだ。

早いもので、あれからもう四十五年という年月が流れてしまった。この四十五年間、私は常に沢木耕太郎という人の背中を見て歩いて来た。そして「もし沢木さんならどう書くだろうか？」と考えながら書いてきたつもりである。これは別に私だけではないだろう。沢木氏に影響を受けた〈沢木耕太郎シンパ〉は、今でも沢木氏の背中を見て歩き続けている。彼が書いた作品を「人生のバイブル」として。

あの頃二十五歳だった私は七十歳になった。『松山千春・さすらいの青春』『さだまさし・終りなき夢』などはベストセラーになり、音楽物の〝評論ルポルタージュ〟という新分野を切り開いたというありがたい声もあるほどだ。しかし、今でも思うことは『若き実力者たち』を超える人物論を書けたか、ということだ。いい本にめぐり逢えて幸せである。

とよた かずひこ

一九四七年、仙台市生まれ。早大第一文学部卒。わが子への読みきかせをきっかけに創作活動に入る。『どんどこももんちゃん』で第七回日本絵本賞、紙芝居『ぞうさんきかんしゃぽっぽっぽっ』で第五十六回五山賞受賞。

行きつ戻りつ絵本創り

「とよたさん、そのメロンの絵、キャベツに見える。もうちょっとていねいに…」

島根県大田市にある小学校三年生の授業中のことであった。最近は親が朝に読みきかせに入ることがあって、作家として呼ばれている自分が同じことをしてもしようがない。今、仕事として進行中のダミー（試作品）を見せながら、彼らにも一緒に考えてもらう授業をしている。編集者とのやり取りがあって、今ここでちょっとつまずいているんだ、なんて語ると彼らは俄然張り切りだす。こうしたらいい、いやだめだ、それはこうだ、などと意見が飛び交う。その中で発せられたのが、前述のキャベツの話である。ダミーなんだから、なんていうやぼな言い訳はしない。後日、原画作業に入ったとき、ふと彼の言葉がよみがえり、苦笑しながらひとり丁寧に絵筆を動かしている自分がいた。

コロナ禍の真っ最中、講演が軒並み中止になる状況で、再び呼ばれた大田市の別の小学校での授業は実施された。昨年十一月のことである。三泊四日の行程で、他に美郷町の小学校、保育園、国立三瓶青少年交流の家でのワークショップなどのプログラムが組まれた。読みきかせで行った保育園では、終了後に園児がベトベトまとわりついて離れないので、「おっちゃんはいいけど、おっちゃん、トーキョーはシンジュクというコワイところから来てんやで〜」（笑）とおどかして園の先生に引きはがしてもらった。

仕事場が東京都新宿区の高田馬場にある。自宅は八王子なので、毎日、京王線と山手線を乗り継いで通勤している。作家業は在宅勤務に最も適している職種だが、絵本の作家は紙と鉛筆だけというわけにはいかない。なのに画材と資料はすべて仕事場にあるのだ。テレワークなどできないワタクシ、トヨタは製造業従事者となって工具のある工場にせっせと通う労働者ということになる。

あずさ号に乗って塩尻に向かったのはもう四年前になる。「行きつ戻りつ絵本創り」という演題で話させてもらった。夢みるようにポトンとお話の素が落ちてくるわけではない。ちからわざで引きずり出してくるのだ。絵本創りはトレーニングの結果です――みたいな内容だった。七十歳半ばのじいさまが、ひとり仕事場で、クマさんがどうした、ウサギさんがどうしたと頭を悩ませ苦闘している。しかし、出来上がった作品はあくまでも軽く、たおやかでありたい。何も残らなくても、親子が確かにいっときこの本で時間を共有した、という記憶に留まればいい。そのような作品をこれからも精一杯創っていきたいと思う。

豊田高広

静岡県静岡市生まれ。開設を担当した静岡市立御幸町図書館が二〇〇七年、Library of the Year優秀賞。二〇一〇年から二〇一九年まで愛知県田原市図書館長。現在はフルライトスペース(株)で図書館の計画策定等の支援に携わる。

散歩から始まる、出版文化の未来

図書館員として九年間を過ごした愛知県田原市を定年で退き、生まれ育った静岡市に戻ってから二年が経ちました。退職直後から、民間企業の社員として、図書館の計画づくり、蔵書収集、人材育成等を手伝っています。新型コロナの流行前から、顧客との打ち合わせのための出張以外は、在宅ワークというスタイルです。

田原市に採用される前は静岡市の職員でしたので、すんなり故郷の生活になじめると高をくくっていました。でも、実際にはなかなか難しいのです。いろいろな理由がありますが、本書との関係でいえば、当地の読書をめぐる環境の変化もその一つ。地元資本の大型書店が閉店し、かつて勤務した大規模図書館も、改修のため長期休館となりました。つまり、自分の読書生活のために、本との出会い方をゼロから見直す必要が生じたわけです。

本を読むためには本と出会わなければならず、リアルな空間としての書店と図書館の存在が欠かせません。忘れてはならないのは、現代の日本を生きる者にとって、本を読むとは日常的に本を読むことであり、日常的に読むためには、日常的に本に出会わなければならないということです。「日常的に」を「習慣として」と言い換えることもできます。

この一年ほどで、私たちは思い知らされました。新型コロナと共にある生活は、インターネットと共にある生活なのです。少なくとも私の場合、ネットがなければ、仕事も暮らしも立ち行きません。しかし、ネットは時間と集中力を無限に奪い続ける罠でもあります。SNS、エンタメ、ニュース…気を緩めると、積ん読状態の本の山を眺めては「また読めなかった…」とため息をつく羽目になります。読書の時間を守るには、読書のための習慣をつくり、習慣の力でネットに対抗するしかありません。

私の場合、幸いにも、人文書の棚が充実した書店や、好みに近い品揃えの古書店を近所に見つけることができました。自宅から、これらの店と全国チェーンの大型書店を経由して繁華街の図書館に至るコースを、週一回散歩するのが習慣となったのです。

この散歩ルートの開発は、一種のまちづくりともいえます。私と同様の行動をとる人が数百人いれば、まちは変わるのですから。そう、これは個々の書店や図書館の枠を超えて、本と出会う習慣が育つことを促すまちづくりです。図書館の現場を離れた今だからこそ、試してみたい「出版文化の未来」のカケラが、ここにあります。そして「信州しおじり本の寺子屋」がこうした試みの先達であることに、あらためて気づくのです。

中上紀

作家。一九七一年東京生まれ。ハワイ大学芸術学部卒。九九年『彼女のプレンカ』ですばる文学賞。他の著書に『夢の船旅　父中上健次と熊野』、『熊野物語』、『天狗の回路』など。和歌山県新宮市の文化組織「熊野大学」の企画・講師。

アナログで土くさい、不思議で愛しい空間

「本の寺子屋」コーディネーターの長田洋一さんは、私の父で作家の中上健次の元担当編集者である。私とは、二〇〇四年、デビュー四年目の年に、父と熊野についてのエッセイの書籍化を担当してくださって以来のご縁だ。その『夢の船旅　父中上健次と熊野』という本は、今でも、中上健次やその作品の舞台、紀州熊野を愛する多くの人々に読まれている。そのため、私は時々この本を名刺代わりに使う。この本さえあれば、何の説明の必要もないからだ。だが、それはこの本が父の視線そのものであることを、受け入れたという意味でもある。視線とは、作家としての私自身を正す視線である。

本を仕上げる際に長田さんは、タイトルは「父中上健次と熊野」が良いとおっしゃったが、私は「夢の船旅」にしたいと思っていた。私は当時、自分の生き方を、ふわふわとし

て地に足がつかず、夢の中で船旅をしているようなものだと思っていたからだ。だが、背景には常に父と熊野があった。切っても切り離せない存在として。地に足をつける場所として。結果的に、「夢の船旅」と「父中上健次と熊野」の二つが並べられた。

長田さんとは、それから十数年お話しする機会がなく、二〇二〇年の夏に塩尻市立図書館で久しぶりにお会いした。「本の寺子屋」は、健次が和歌山県新宮市にて設立した文化組織「熊野大学」からも構想を得てスタートしたときく。すでに招いた講師は百人以上にもなるそうで、継続することの素晴らしさを体現している。また、本の書き手、読み手の生の声を双方向から聞けるのは、何にも増す貴重な機会である。

今年は新型コロナウイルスの影響で様々な制限があったが、私の八月の講演は無事開催され、いらしてくださった多くのお客さんとの交流から、読んでくださる方々の声をダイレクトに受け止めることが出来た。お客さんばかりではなく、私の名前と講演のタイトルを手書きで素敵なアートのように黒板に書いてくださったり、送迎の際にいろいろなお話をしてくださったり、きめ細やかに様々な手配をしてくださった塩尻市立図書館スタッフさんたちの人情と優しさに、心が熱くなった。

本は書く人と作る人、届ける人、読む人によってはじめて完成する。本の寺子屋事業は、その「届け方」に徹底的にこだわっていると思う。手作りで、そして温かい。書き手も作り手も読み手も、いま一度初心に帰ることの出来る空間。近代的で綺麗な図書館の建物の中に生まれた、アナログで土くさい、不思議で愛しい空間。ずっと続けていってほしい。

中沢けい

小説家。一九五九年神奈川県生まれ。明治大学政治経済学部政治学科卒業。一九七八年第二十一回群像新人賞を『海を感じる時』で受賞。一九八五年第七回野間文芸新人賞を『水平線上にて』で受賞。二〇〇五年から法政大学文学部日本文学科教授。代表作に『女ともだち』(講談社文芸文庫)『楽隊のうさぎ』(新潮文庫)などがある。

読むことの楽しみ

図書館の書棚の間から書店の書棚の間へと歩き回るのが、小学校高学年の頃からの楽しみでした。図書館にいるのは受験を控えた高校生たちでした。書店で雑談にふけっているのは、電車が来るまでの時間を潰している高校生たちでした。房総半島南端の町では、図書館や書店の利用者は高校生がおもだったのが、五十年ほど前のありふれた光景でした。図書館の書棚をめぐって本の背を眺め、書店の文庫本の棚を眺めては、文学や哲学のおおよその流れを飲み込みました。図書館と書店を歩き回る時間の中でずいぶんといろいろなことを学んだのだといまさらながらに感嘆することがあります。とても残念なことですが、小学校の頃から毎日、寄り込むことを楽しみにしていた書店はもう房総半島南端の町にはありません。駅前にあった書店も、商店街の中にあった書店もいつのまにか店を閉めてしまいました。多くの出版人を生み出した長野県ではどうでしょうか？　日本全国、書店の数はどんどん減り続けています。書店の書棚の間で、雑談にふけっていた高校生たちも今では定年退職した老人になっています。今の高校生たちは、どこで雑談にふけるのでしょう。かすかな物音にさえ、じろりと険しい視線を投げつけられる図書館の緊張とは正反対のくつろいだ雰囲気がそこにはありました。小学生だった私から見れば、その町の高校生はもっとも若い大人と感じられました。新着の本や雑誌が並ぶ場所は、若い大人の気持ちを自由にさせる場所だったのでしょう。小学生の私は、高校生たちの大人びた口調に耳を澄ませたものです。でも、たいていの話はなんだかさっぱり分からない内容でした。

小学生だった私も中学生になり、それから高校生になりました。図書館のロビーで鼾をかいて寝ている同級生をみかけることもありました。駅前の書店で立ち読みをしていると、「フルーツパーラーへつきあって」と頼まれることもありました。フルーツパフェが食べたいけれども、男だけではフルーツパーラーへ入れないという奇妙な理由で誘われたのです。書店の棚の間は、そういう奇妙な申し出もできる自由な空間でした。町の中から書店が減ってしまった今の時代にそういう場所はどこにあるのでしょうか。

「本の寺子屋」と聞いて、私が思い出すのは薄暗い図書館の書棚と、ＢＧＭが流れる新刊書店の書棚の間を歩き回った日々のことです。どれだけたくさんの有形無形のものをそこで得たのか、数えきれない気持ちになります。つまり「本の寺子屋」というのはそういう場所なのではないでしょうか。

中澤雄大

新潟県出身。毎日新聞記者を経て早大招聘研究員、ジャーナリスト。著書に『角栄のお庭番　朝賀昭』（講談社刊）他。近編著に『回顧百年　相沢英之』（かまくら春秋社刊）。中央公論新社より佐藤泰志評伝を刊行予定。

書斎の風景

引っ越しを繰り返しても捨てられずに増殖する代表格は本だろう。塩尻市立図書館のような使い勝手の良い施設がすぐ近所にあれば、書斎代わりにして事足りるかもしれないけれど、人生そううまく運ばない。知らず知らずのうちに狭いマンションが蔵書に侵食され、自室はおろか廊下やリビング、ベランダなども足の踏み場に困るほどになり、家族のひんしゅくを買っている。月刊誌『本の雑誌』の好評連載「本棚が見たい！」を見るにつけ、きちんと整頓された作家らの書斎を心底うらやましいと思ったものである。しかし、私のようなレベルはほんの序の口で、二十万冊もの蔵書に埋もれた自宅ビルを撮影した『立花隆の書棚』を手にした際、「知の巨人」と呼ばれるには〝図書館〟の中で暮らし、生涯飽きることなく本と格闘し続けなければならないというのも、それはそれで大変だなと同情した。

私が最近まとめたオーラルヒストリー本の主人公で、大蔵事務次官や国務大臣などを歴任し百歳を目前に亡くなった相沢英之氏は政官界でも指折りの「読書家」として知られた人であった。東京・成城にある邸宅の地下に大きな書庫をしつらえたものの、それだけでは収まりきらずに二階の風呂場にまで本が山積されており、夫人の司葉子さんがどうしようかと困っておられた。大学の教員も退官する際、研究室の蔵書の始末で頭を悩ませることが少なくないと聞く。幸い相沢氏の遺した蔵書は、国会図書館の憲政資料室に移されることになったそうだから良かったけれども、引き取り手のない古書が往々にして廃品回収行きというのではしのびない。

私が十年来、評伝執筆に取り組む函館出身の作家・佐藤泰志には「蔵書」の観念がなく、一度読んだ本はすぐに古書店に売り払った。長屋暮らしで、廃材を利用して建て増しした三畳間のプレハブ小屋で執筆に励んでいたので、現実的な判断だったともいえる。

「防空壕のある庭」という四十年近く前に文芸誌に発表した短篇では、三十畳もある書斎で日がな一日、本に囲まれて干からびてしまいそうな老弁護士の姿を描いた。実際にその書斎を見た佐藤は〈おびただしい本と見比べてもひどく寒々しく、一眼で自分ならこのような書斎は不要、と思った〉と随筆につづった。学生時代は四畳半の部屋の炬燵が机代わりで、団地住まいの頃は台所で創作した愛すべき作家が〈あの殺伐としたコンクリート建ての広大な書斎では、僕はきっと一行も書けない気がする〉と振り返る一文を改めて読み、いつしか私も同じ気分になった。身の丈を知った今、たとえ小さな書棚でも日焼けした背表紙を見ると、ともに年輪を重ねたようでいとおしくなる。

長野まゆみ

東京生まれ。一九八八年『少年アリス』で文藝賞受賞。二〇一五年『冥途あり』で泉鏡花文学賞、野間文芸賞受賞。近著『カムパネルラ版銀河鉄道の夜』『さくら、うるわし』HP http://www.mimineko.co.jp

森のなかでは本が読めない

一年半ほどまえ、紙の書物にとってのやっかい者である本の虫や、カビのことを調べていた。たいていの場合、破壊の現場を発見したときはもはや手遅れであり、可能な手当てといえば被害をうけた書物を無事な書物から遠ざけるくらいしかない。ひとたび破壊をうければ、それがもとへもどることもない。

下調べをもとに本の虫を小道具とする原稿を書きはじめたあたりで、二〇二〇年をむかえ、まもなく思わぬ事態となった。COVID-19が発生し、人々が対応にもたつくあいだに大流行する。図書館も閉館となり、借りていた本は専用ポストへ返却した。

いっぽうで、図書館で数ページ分だけ閲覧しようと思っていた本を購入することがふえ、それを読む場所も自宅に限定されがちになる。図書館の本を借りるときは、ひとまず、もよりのカフェで内容を確認し、必要な情報を得たのちは当日返却していた。わたしが暮らす自治体では貸出の制限を一〇冊としているので、このような利用法になる。

密をさけるため外出をひかえ、カフェからも遠のいていた時期に戸外での読書を試みたことがある。さいわい緑地にめぐまれた地域で暮らしているので、独りで過ごせる緑の木陰をみつけるのに、さほど苦労しない。テイクアウトのコーヒーを買い、ぽつん、と置かれたベンチにすわって本を読みはじめた。

ところが、まるで落ちつかない。近くに人影があるわけではない。そぞろ歩きの人や自転車で走る人の姿が遠景に見えるだけだ。あるのは木洩れ日と葉擦れの音、小鳥のさえずり、さらには遠くの電車の音や、すこし離れた通りの車の走行音。

それらの音量は、読書を妨げるレベルではない。にもかかわらず気が散る。というより、体感する情報が多すぎる。耳は鳥のさえずりだけでなく、羽ばたきや、虫の羽音まで聞きとってしまう。木立も静かではない。葉を鳴らし、枝をきしませる。そのたびに光もゆらぎ、ちらちらと瞬く。

森のなかで本を読むには、感覚を全開にしないための、なにかしらの遮蔽を必要とする。囲いがあるだけでもだいぶちがうかもしれない。塩尻市立図書館のラウンジは、樹冠からさしこむ光や木立を模した天窓や柱による空間設計がなされている。緑の木陰にいる気分で読書ができそうだ。旅人としての訪問では滞在時間がかぎられる。こんど出かけるときは、それを試す時を持ちたいものだ。

中山美由紀

立教大学学校・社会教育講座司書課程兼任講師。元東京学芸大学附属小金井小学校司書。ふらりと寄ったにもかかわらず、伊東元館長に丁寧なご案内をいただいて以来の塩尻ファン。行く度に司書たちの熱さにいつも脱帽。

ごえんが結ぶまちの融合——学校編

塩尻えんぱーくの特徴を語るのに、伊東直登元館長からよく聞いたのは「融合」である。連携・協力ではなく「融合」。子育て支援と図書館児童サービスを一体化したその姿はその後各地で新設される図書館のお手本ともなっている。書店との融合も毎月の「Book Fan Newsletter」にも共同した本の紹介に現れ、市民による大切な人へ記念日の絵本をプレゼントする「贈り帯」は、書店と印刷会社の共同企画となっている。塩尻市立図書館のすすめる出版文化の醸成は子どもたちからはじまっている。

学校へのサービスの「融合」は、塩尻市立丘中学校の、長野県内の戦争の影響を自分事として調べる総合学習での実践（二〇一八年）に現れていた。信濃教育会第二二回「教育研究論文・教育実践賞」特選（宮澤有希教諭）となったこの授業には、授業者である宮澤先生と塩原智佐子学校司書が進める授業に塩尻市立図書館の青山志織司書（学校連携担当）と清水柚果司書（郷土資料担当）も加わって授業の計画や目標を共有。生徒の意識や理解の深まる様子を把握しタイミングを図った上で、地域資料の手ほどきを出前授業で行った。発表に絵本の読み聞かせを入れたいという生徒の願いにも応え、選書やスキル獲得の支援をつないだ。出来上がった成果は文化祭で発表の後、えんぱーく内に展示され、中学生が地域の歴史を紐解き、インタビューもおこなって深く考えた学習成果を市民も見ることができる好機となった。（「市民タイムス」2019.1.17, ウェブサイト「先生のための授業に役立つ学校図書館活用データベース」東京学芸大学学校図書館運営専門委員会 http://www.u-gakugei.ac.jp/~schoolib/htdocs/（2021.2.27 時点）事例ナンバー A0347, 日誌「読書・情報リテラシー 2019.08.06」「身近な地域と戦争のつながりを学ぶ総合学習」）

生徒からすれば、中学校の授業中に学校図書館と公共図書館の融合したサービスを受けたことにより、適切に情報にアクセスすることができ、難しい郷土資料も新聞や公報などの資料も読み込んでの深い探究となった。成果はあらゆる世代に見てもらうことができ、達成感もあったことだろう。学校教育と社会教育の図書館の融合した最高の事例と思う。

「信州しおじり　本の寺子屋」は子ども版も二〇一五年に始めている。児童青少年に向けては、彼らが地元に目を向け、何かを引き継ぎ、自らが表現者として「書く人」「発信する人」となるような文化の担い手育成のメニューが、学校融合であってもいいのではないか。本の文化をこの地で受け取り、育めるような新たな企画も期待している。

錦見映理子

歌人・小説家。第三十四回太宰治賞受賞作『リトルガールズ』（筑摩書房）、エッセイ集『めくるめく短歌たち』（書肆侃侃房）、歌集『ガーデニア・ガーデン』（本阿弥書店）。未来短歌会所属。現代歌人協会会員。

夕ぐれの青い時間

「本の寺子屋」の講演のために塩尻の駅に降り立った日は、すばらしい秋晴れだった。澄んだ青空が遠い山の端まで続いていた。東京の白っぽい晴天とはまるで違った青さ。懐かしい色だった。二十代の頃、こんな空をたびたび見たのを思い出した。長野県北部の、山の中の小さな温泉宿に、当時私はよく通っていた。ひどい皮膚炎に悩まされていたのだ。

あの頃、私は仕事の無理がたたって、原因不明の皮膚炎が体中にでき、薬を飲んでも塗っても治らなくて困っていた。湯治なんて昔の人がやることだと思っていたが、家族の勧めで試しに訪れた角間温泉の湯は私の体に合っていたようで、滞在中は皮膚炎が明らかに治まった。それで定期的に通うことにしたのだったが、長野新幹線が通る少し前で、東京からは片道四、五時間はかかったと思う。

二十五歳の若さで、なぜこんな遠い山の中に、ひとりぼっちでいるんだろう。最初のうちは淋しくて涙が出た。このまま治らなければ仕事も続けられないかもしれず、そうなったらこの先どうやって生きていけばいいのかわからなかった。そもそもなぜ自分は、睡眠を削って体を壊してまで、無理して働いてしまったんだろう。給料が上がるわけでもなく、やりたい仕事でもなかったのに。体が弱ると心も弱くなり、後悔ばかり募ってくる。不安を消すように、温泉に入る以外は、ひたすら本を読んで過ごした。

本を読んでいる時間だけは、自分の苦しみを忘れることができた。温泉に入り、山道を散歩し、本を読む。そんな日々は、体だけでなく、不安だった心も少しずつ宥めてくれた。一人でいても、本があれば全く淋しくないこともわかってきた。山々に囲まれた地形のせいか、東京よりも日が暮れるまでの時間がだいぶ長くかかることにも気付いた。遠い山並みが望める窓辺の椅子で読書しながら、外が少しずつ青く濃く染まっていくのを、ゆっくり眺めるのが好きだった。

あれから四半世紀ほど経ってから小説の新人賞をいただき、秋晴れのなか、たくさんの方が集まって下さった塩尻の白くきれいな図書館で、デビュー作の話をした。講演を終えて外に出ると、夕ぐれの青さが、周囲を何もかも染めて次第に濃くなっていくところだった。私は空を見上げた。二十代のつらかった頃に一人でよく見ていた、あの美しい夕ぐれの藍色の空が、変わらず私の頭上にあった。本を読むことでなんとか生きていた日々のあったことを、自分の書いた本について語ったのちに、思い出した。

根本彰

東京大学名誉教授。図書館情報大学、東京大学大学院教育学研究科、慶應義塾大学文学部で計35年間、図書館情報学と教育学の研究教育に携わった。現在、在野で執筆活動中。本文中の新著以外の近著に『情報リテラシーのための図書館――日本の教育制度と図書館の改革』（みすず書房、二〇一七）、『教育改革のための学校図書館』（東京大学出版会、二〇一九）など。

図書館――知のアーカイブの場

今更ながらだが「図書館とは何か」を広く深く勉強しようと思い、その過程を『アーカイブの思想：言葉を知に変える仕組み』（みすず書房）という本にまとめた。西洋的な図書館は古代ギリシアから続く思想的系譜のなかに位置づけられ現在に至っている。そうした思想の延長上に成立したから、図書館は国家、都市、大学、学校などの重要な拠点に必ずつくられる。だが、日本の近代化は西洋を表層的な部分だけ真似たので、こうした知の基盤が中途半端にしか実現していなかったというのが基本的な主張である。

アーカイブとは言葉を記録して歴史的に蓄積したもののことである。言葉は記録されることによって歴史的な責任が問われる可能性をもつ。逆に責任を問うために記録・保存という行為を行うといってもよい。それが西洋的なアーカイブであって、歴史資料を保存する文書館はそのための社会的機関としてつくられた。では、図書館が保存する書物はどのような責任を負っているのかというと、それは知の創造・普及、そして継承である。学校や大学で学習者や研究者は、図書館に蓄積された知を基に自ら知を再構築する行為を行う。本書では日本の明治以降の行政制度や教育制度が国家的要請を前提にアーカイブを恣意的に構築したために、文書館も図書館もなかなか実現できなかった事情を述べた。

二一世紀になりネットが重要な情報基盤となった。だがネットがそのままでアーカイブにならないことは、商業主義的仕掛けが潜んでいる検索エンジンや、サーバーカスケードとかエコーチェンバーといった現象を起こすSNSが情報空間に歪みを与えていることで明らかになっている。他方、ジャパンサーチほかの仕組みが提供してくれるデジタルアーカイブは大いに頼りになる。ここは利用者一人一人が情報リテラシーをもってネット空間に対処するほかはないのだろう。

コロナ禍は学校や大学での学びの方法を変え、地域において知識資源や教育資源を自在に使うことが求められている。最初の緊急事態宣言の際に、人文系研究者から図書館を開くように声が上がったのは当然の動きだろう。連動するかのように、匿名の著者・読書猿による『独学大全』(ダイヤモンド社)がベストセラーになった。この本は、図書館もネットも含めたアーカイブを利用した学びの方法の理論的実践的ガイドである。図書館は従来型のアーカイブとネット空間双方に対応して利用者の情報リテラシーを高めることができるのかが問われている。

橋口侯之介

東京・神田で和本・書道の専門店を営む誠心堂書店の店主。和本の魅力にとりつかれ、この豊かな世界を伝えたいと成蹊大学・上智大学などで教えてきた。著書に『和本入門』、『江戸の古本屋』（いずれも平凡社）など。

江戸時代がつくった日本人の本好き

日本人は本好きな国民性である。それが江戸時代すでに高いレベルで成り立ったことを知っていただきたい。読者層に厚さがあり、農民・職人・町人全般に至るまで本を読む習慣が広がったのである。それには寺子屋の普及がまず大きく寄与した。幕府や藩は初等教育をしたわけではなかった。民間の力だけで識字率をあげたのである。

これに本屋の努力が相乗効果を高めた。本屋は寺子屋の生徒向けに往来物という「教科書」を大量につくった。それも味気ない内容でなく、子どもたちが興味をそそるように工夫をこらして、競争をした。本屋はその一方で読者が喜ぶ様々な本も出し続けた。挿絵の多い小説類も人気を高めたし、日常生活に役立つ各種の実用書も豊富に用意したのだった。旅行関係のガイドブックや地図もたくさんあった。

そうした初心者の層と高度な専門家の間に、中間的な文化層の人たちが多くいて、本屋はそのすべての層に、それぞれが満足する本を提供する努力をしてきた。とくに中間層には、専門的な難しいテーマをわかりやすく読めるようにした本をたくさん用意したのが江戸時代の特徴であり、これは現代においても変わらない構図である。たとえば、新書のようなジャンルは、専門的な内容を読みやすく伝える努力をして日本人の旺盛な知識欲を満足させているが、これは、江戸時代から本屋が頑張ってきたからできたことである。

日本ではこの中間層がいてこそ、独自の広がりを形成し得たのだと私は思っている。

さらに現代、世界的に人気のあるコミック類は江戸時代において、すでに黄表紙などの大衆本でその形式ができていた。それが当時のベストセラーでもあった。そもそも絵と物語を結びつけて鑑賞するのは、平安時代以来の絵巻物が作り上げた世界だ。はじめは上流階級の趣向だが、それが江戸時代には大衆好みの文化になった。以来日本人はずっとそれを享受してきたのである。

この、書物の大衆化は、エリート層を中心に発展してきた中国や欧米の書物事情と際だった差がある。中間層が厚く、そこに本屋がターゲットを置いたので、エリートにも大衆にも満足のいく本の世界ができてきたのだ。それは、未来において形態がデジタルになろうとも変わらないでいてほしい考えである。

東直子

歌人、作家。一九九六年第七回歌壇賞、二〇一六年『いとの森の家』で第三十一回坪田譲治文学賞受賞。歌集『春原さんのリコーダー』、小説『とりつくしま』『階段にパレット』、エッセイ集『愛のうた』、穂村弘との共著『短歌遠足帖』等。

短歌の町で言葉を共有する

昨日普通にできたことが、今日突然できなくなる。日常がふいに激変してしまう可能性があるということを、新型コロナウイルスによるパンデミックで痛感した。二〇一九年の秋に、作家で歌人の錦見映理子さんと本の寺子屋のイベントで楽しく対談したときには、こんなささやかな集まりでさえも開催が難しいことになるとは、全く予想できなかった。

言葉をいくら工夫しても、ワクチンや特効薬を作ることはできない。むしろ、事実とは違う憶測が先走ったり、差別を助長したり、脅しや圧力をかけるための道具に使われたりなど、言葉がネガティブな発展をしてしまった面がある。

十年前の東日本大震災のときも、言葉の無力さにうちのめされた。しかし、言葉がなければ、希望を灯すための一歩も踏み出すことができない、とも思った。胸の中にもやもやと滞ってるものに、うまく言葉を与えて誰かに語ることができたら、胸がとてもすっきりするだろう。言葉を探し、声にして放つ。そんな言葉を受け取った人は、相手の胸のうちを知り、刺激を受けるだろう。誰かの言葉に触発されて、自分の言葉を探すきっかけになることもあるだろう。人の心は、その人の中の感覚が抱く不定形のものだが、言葉が形を与えている。人が人の言葉を受けて、その形はより豊かで奥深くなる。それが人を理解し、想像する力になるのだと思う。人間には、それができる場所が必要なのだ。新型コロナウイルスは、大都市のように人が一極集中化する危うさを露呈し、オンライン技術等の発達によって一極集中せずともよいという可能性を一気に現実のものとした。

塩尻の町で行われる「本の寺子屋」は、言葉による想像力を広げるための新鮮な出会いを提供してくれる。塩尻は、短歌の町でもある。太田水穂、島木赤彦、若山牧水、若山喜志子らの歌人との深い関わりがあり、いくつもの歌碑が立ち、三十年以上前から「全国短歌フォーラムin塩尻」という短歌大会が毎年開催されている。この大会には私も一度選者として参加したが、地元の子どもたちによる短歌朗読を含むパフォーマンスなど、独自の熱気を感じた。塩尻には、この地で文学を愛し、育てようとする意志があるのだと思う。

塩尻駅のプラットホームに藤棚がある、と一瞬思ったが、それはなんと葡萄畑だった。葡萄の葉が揺れるのを眺めながら、帰宅する電車をしみじみと待った。このようなところで葡萄が実り、やがてワインとしてじっくり熟成していくのだ。そんなワインのように、胸の中で熟成した言葉は、誰かの胸の中で共有されることを待っている。

久間十義

一九五三年北海道生まれ。早稲田大学第一文学部卒。『マネーゲーム』で文藝賞佳作。以来、河出書房の元編集者で「本の寺子屋」の長田洋一さんには大変お世話になっている。現在は某新聞に小説『復活』を連載中。

図書館を通じて読者へ繋がるという希望

塩尻市立図書館にお邪魔して、拙い話をさせてもらってから、早いものでもう四年。あのとき図書館の素晴らしい設備と、それを利用する方々の楽しげな様子、熱心に話に耳を傾けてくださる皆様に感激して、非常に温かい気持ちに包まれながら帰途に着いたことを思い出す。

地方の図書館のあるべき姿をそこに見た、などと言ってはホメ殺しに聞こえるかも知れない。だがあのとき、図書館を通して読者と繋がることへの希望のようなものを感じたのは確かなことだった。もちろん、希望の裏側には苦い失望があって、実は私は文芸出版の未来にあまり明るい展望を持っていない。年々小さくなってゆくパイに、いつまで小説家という職業が成立するのか、わからないとも思うからである。

振り返ってみれば今から二十年以上も前、ペンクラブで公共貸与権の問題について議論したことがあった。最初は年々販売部数が少なくなる文芸書が、図書館では何の対価もなく読者の利用に供されていることが問題となった。このままでは極端に言えば図書館は無料の貸し本屋と変わらない。少なくとも図書館はその利用数に応じて、著者にいくばくかのお金を支払うべきではないのか？

そんなペンクラブ側の意見があって、公共貸与の考え方に則って英国などで行われている課金システムを日本でも導入してはどうか、と行政に提案したのだ。これがけっこうな議論を呼んで、浦安市立図書館の方々などといっしょにディスカッションの場を持つことになった。

知識は無料で誰もがアクセス出来るべきである、という理想に私も反対ではない。しかしディスカッションを通じて、図書館運動に携わる方々が、意外と公貸権に否定的だったことには戸惑った。ペンクラブの主張が、版権を振りかざす金の亡者の所業のように感じられたのかも知れない。

著者側にとって図書館は最大の顧客。初版部数を図書館が買い上げてくれるだけでもあり難い、という本音の部分もあって、当時、議論はなかなか噛み合わなかった。そんな著者側、図書館側の《二つの理想の緊張》を底流に抱えて、本を愛する人々といっしょに何ができるか。――図書館と「本の寺子屋」は、今日も小説家の端くれである私に問いかけているように感じている。

広瀬恒子

一九三二年東京生まれ。一九七〇年から親子読書地域文庫全国連絡会世話人。日本子どもの本研究会、日本児童文学者協会、小金井子ども文庫サークル連絡会会員など。著書に『子どもの読書いまこれから』（新日本出版社）、『だから、子どもの本は面白い』（新日本出版社）、『読書ボランティア――活動ガイド――』（一声社）など。

子どもと本との出会いをねがって

私はこれまで「子どもたちに本のたのしさを」とねがって、そのための環境づくりにかかわり、気が付いたら五十年が経っていました。

なぜ大人が子どもの本に関心を寄せてきたのだろうか。

ふり返ってみますと、私が自分の住む町で地域の子どもたちと共に親子読書会を開いたり、子ども文庫の活動にかかわるようになったのは一九七〇年代でした。

その頃、本屋さんに並んでいた子どもの本といえば、野口英世、エジソン、ナイチンゲールなどの偉人絵本や世界名作童話のダイジェスト本などが中心でした。

一方でその頃『龍の子太郎』（松谷みよ子）、『だれも知らない小さな国』（佐藤さとる）、『宿題ひきうけ株式会社』（古田足日）など意欲的な創作児童文学が生まれてきて、大人も読んで共感したのです。そしてこうした作品をぜひ子どもたちが手にとり読めるようにしたいとねがいましたが、その頃、公立図書館は全国で千館にも満たずの時代でした。

そこで自宅の一室や公民館、児童館などのコーナーに子どもの本を置き、子どもたちに貸し出す家庭文庫、地域文庫が各地に創られていったのでした。

その後、年月を経て図書館も数を増し、子どもたちへのサービスも充実して今に至っています。

子どもの本も、赤ちゃん絵本からＹＡよみものまで多種多様に創られるようになりました。

これまで「子どもに本を」とその環境づくりを続けてきたそのねがいの元は、いったいどんな思いによるものだったのでしょう。

その思いをつきつめて考えてみますと、子どもの本の根っこにある「この世は生きるに値する」というメッセージをどの子どもにも伝えたいとねがってきたことだと思いました。

「信州しおじり　本の寺子屋」の「本の寺子屋が地方を創る」の気概に感じ入りました。ともに一歩をと念じます。

冨士眞奈美

静岡県三島市生まれ。十八歳でNHK TV専属となり、「この瞳」で主役デビュー。俳優座付属養成所卒。最近作にTV「やすらぎの郷」など。著作に『おんなふたり奥の細道迷い道』、句集『滝の裏』など多数。

自然の中で活字に馴染む倖せ

向うから見たことがあるような男の人が歩いてくる。だんだん近づいて来て、ニッコリ笑った顔はやはり馴染みのある人間、甥っ子だった。長男である私の弟の息子である。四十半ばだろうか、まだ独身だ。私が実家を出てから生まれているが、築百年にもなろうかという、つまり同じ家に育っている同族だ。

「どうしてこんなところ歩いてるの?」

彼は上京してからずっと、本造り（装幀）に関わっている。フリーなので、大変だと思う。私が棲んでいる所の隣町にいる、らしい。

「そこの、図書館に時々来るから。便利だし静かで落着くんだ。今日は本を返しに来た」

「へえ。そうなんだ。図書館、好きなんだ」

物静かで口数が少く十八才になる白猫と暮らしている。

コロナ禍が収まったら御飯食べよう、と別れたが、学生でもないのにまだ図書館通いをする甥っ子に、好感を持った。信頼感を持った。いい奴だ、と思ったのである。

やはり本を読むのが好きな人間は語彙が豊富。言葉遣いにもツヤが出て、会話が楽しくなる。近頃は新聞を読まない若い人が増えている、というが、もったいない。知識はスマホで、ちゃっちゃっと手に入れられるが、やはりネーム入りで記者が渾身込めて書いた活字には、力がある。個性がある。活字に彩りがある。人間性が滲み出ている。じっくり読むと一紙に半日かかるけれど、やはり活字は身についてくれるのである。

私は子供時分、寺子屋のような小学校で育った。敗戦後で食べる物もなく、片道、三十分程歩く田んぼの畦道で、虎杖《いたどり》やすかんぽをむしって食べながら、木造のオンボロ校舎に通った。ラジオも祖父手造りの真空管のものが一台。近所の人々が我が家に集まって、オリンピックや相撲、野球の中継を聞いたりした。電話も、父が新聞記者だったので、地域に一台という感じで玄関に鎮座ましましていた。私の人生の大得点は、父が文学青年くずれだったお陰で、いつも本棚に本が溢れていたことである。晴れた日は外で野球や縄跳び、雨の日は納屋に籠もって読書。或いは野球仲間の少年たちとリレー小説を書いたり。可愛いがってくれた女の先生の家で白い御飯をご馳走になり、お琴を習って、オヤツも戴き、泊めて下さるところまで。貧しくとも楽しい大人や子供との付き合いが、忘れられない思い出である。

「信州しおじり　本の寺子屋」には、そういった昔ながらの人々との交流が、豊かに広がる自然の中で、ゆったりのびやかに展開されてゆく、のだと期待する。子供達の才能は無限である。自然の中で、知識や人間性が健やかに育つことを祈っています。

藤田利江

全国ＳＬＡ学校図書館スーパーバイザー。小学校教諭を経て、東京都荒川区や神奈川県大和市教育委員会に所属。司書教諭の活動記録で学校図書館賞奨励賞、「調べる学習コンクール」で優秀賞等を受賞。主な著書『藤田式「調べる学習」指導法』。

素晴らしさに感動したえんぱーく

「塩尻市」の思い出は伊東直登氏との出会いから始まります。二〇一二年だったと記憶していますが、ＪＲ西日暮里駅で待ち合わせの約束をしたものの伊東氏がどのような方か見当がつかず、不安な気持ちで駅に向かいました。駅に着くと穏やかなそうな紳士に声をかけられ、すぐ伊東氏だとわかりました。

当時、私は荒川区教育委員会に所属し、各校の図書館を巡回してアドバイスしたり、学校司書のお世話をしたりしていました。区内学校図書館の視察に全国からいらっしゃる教育関係者も多く、その対応のため、伊東氏とは勤務終了後にお会いしました。その時、伊東氏が図書館について真摯に熱く語られたことが、印象に残っています。

依頼された講演会に伺った際、伊東氏からえんぱーくの説明をしていただくことができたのは本当に幸せなことです。館内の雰囲気、計算された自由、資料の充実、利用者を配慮した使い勝手など、今ではかなり考えられるようになったことが、その当時は「まだ珍しい」と言えるのではなかったかと思います。随所に置かれた様々な楽しそうな椅子。利用者のニーズに応えた飲食可能なコーナー。ブラスバンドなどのために用意された楽譜。その楽譜を借りて演奏の練習ができる部屋。地域活性化を後押しする地域コーナー。実に様々な配慮を見聞きし、感動を覚えました。

私は十六〜九年前、数回アメリカやヨーロッパの図書館と学校図書館を視察しましたが、日本には見られない斬新さや配慮に驚いたことが多々ありました。その光景が思い出され、えんぱーくには海外の考え方が形として表れているように感じました。

荒川区の後、神奈川県大和市の教育委員会に所属した時は、シリウスの建設が進行中でしたので、えんぱーくの様子をお話ししたことがあります。シリウスの人気の一因には、えんぱーくに刺激された影響があるのではないかと思います。

二回にわたり、えんぱーくという素晴らしい図書館で、調べる学習などの話をさせていただくことができ、大変光栄に思います。長野県内には毎年のようにお伺いしておりますが、図書館の先進地域であることを強く感じます。長野県でも塩尻市でも、これからも公共図書館の機能、学校図書館の機能を存分に発揮する図書館であるよう期待しております。

十周年、本当におめでとうございます。今後ますますの発展を祈念致します。

藤原成一

一九三七年兵庫県生まれ。東京大学文学部卒。筑摩書房編集者を経て日本大学藝術学部教授（二〇一七年退休）。著書『風流の思想』『癒しの日本文化誌』『富士山コスモロジー』『生き方の美学』『弁慶』『かさねの作法』他多数。

コンビニ・カルチャーの果てに

当今、コンビニノベルが盛んである。インスタントで軽便、その場しのぎのライトさが売りのコンビニ社会に生きるコンビニ人間に、ファストフードのようにうけているライトノベル群である。コンビニエンス・ストアが生活空間の要所要所だけでなく、日常の全時間帯も覆って、社会は消費行為も風俗も生活生態もコンビニ化し、人間も、迷いも思考もない場当たり的なコンビニ人間になって、世はコンビニ・カルチャー時代となった。

戦後を生きた古い世代は消費生活で五つのカルチャーを経験してきた。旧慣を残す復興期は老舗専門店時代、経済と社会の成長期はデパート、つづく大量消費期はスーパーマーケット、低成長期はコンビニ、そしてＩＴ時代になると通信ネット販売、そういう五段階が時代を逐《お》って消費生活の主役であった。各段階で好まれる商品も異にし、この五つの遷《せん》移《い》が戦後日本の消費と嗜好のレベル、文化レベルを比喩的に物語ってくれる。現今では文学も芸術も商品化されて作品となる。商品とされる作品もまたこの五段階に併《あわ》せて遷移してきた。文学作品を例にすれば、老舗専門店では私小説や実験作品、デパートでは本格小説、スーパーでは量販向きの大衆小説、コンビニ時代ではライトノベルが主流となった。名店もデパートも消費文化の主役を退いた現在、私小説も文芸誌も本格小説も活気なく、食料品以外、消費文化の主軸から下りたスーパーも売れ筋だけの推理小説やTVで人気のメロドラマ、あおり出版などにすがっている状況である。そんな推移の果て、スーパーのもつ生活臭のないコンビニ社会では、ライトを好むミーイズム時代にぴったりのライトノベルが主商品となった。当座主義のコンビニ社会のコンビニ文化とライトカルチャーは質・レベルを共有し、コンビニ人間の嗜好品となったのである。しかもITの進展につれテレワークなど間接性文化時代となって通販が消費行為の主役となりつつあり、主役作品もライトノベルから携帯小説、SNSノベル、ツイッターゴシップなどへと移りつつある。

五段階の消費舞台に並行するように文学という作品商品も五段階を遷移してきた。老舗専門店もデパートも昔日の面影なく、スーパーもコンビニに圧され、時代を物語る小説タイプもヘビーからライトに堕し、そのライト化の流れもSNS上で動画やゴシップに逐われつつあり、小説の行くえは不分明となった。五段階を推移した消費文化・文芸作品文化の果《は》て、フィーリング万能の社会とカルチャーと人間の時代が到来する。コンビニ人間のつくるコンビニ文化のあと、本づくりなど本道志向は潰《つい》え、文化自体も受難者となってゆく。

松本侑《ゆう》子《こ》

作家・翻訳家。『巨食症の明けない夜明け』ですばる文学賞を受賞し作家デビュー。『恋の蛍　山崎富栄と太宰治』新田次郎文学賞。訳書に日本初の全文訳・訳註付『赤毛のアン』シリーズ（文春文庫）。

放課後の本屋

中学、高校のころ、学校からの帰り道が楽しかった。校門を出てから家まで、十五分あまりの道のりの半分はアーケード街で、レコード店、洋服屋、喫茶店、乾物屋、毛糸屋、おもちゃ屋、靴屋などの商店が軒をつらねていた。四軒の本屋もあった。武田書店、カメタニ書店、中村書店、三島書店……。

本好きだった私は、店先にならぶ雑誌の最新号、新刊の小説本やエッセイ集を見るのが嬉しかった。もちろんインターネットはないころで、東京から届いたばかりの真新しい活字の本には、最先端の文化や流行の匂いがした。表紙は光るようで、まぶしいほどだった。

そのころ、一九七〇年代に、村上龍と村上春樹が、文芸誌「群像」の新人賞でデビューした。谷崎、太宰、川端を愛読していた私には、『限りなく透明に近いブルー』も、『風の歌を聴け』も衝撃的な小説だった。十代の私は、文芸誌に新人賞というものがあると知り、祖母が購読していた「新潮」や、「すばる」や、そこに載る現代文学に興味をもった。やがて文芸部に入り、創作を始めた。こうしたすべてのきっかけが、放課後の本屋だった。

今も読んでいる文庫本の太宰『斜陽』、モンゴメリ『赤毛のアン』も、下校の途中に、こづかいで買った。本屋のおじさんが、大きな自転車をこいで、毎月、学年雑誌を家まで配達してくれるのも待ち遠しかった。

あれから歳月が流れ、にぎわっていたアーケード街は、シャッター通りになった。四軒の本屋は店を閉めた。または車でなければ行けない郊外のショッピングセンターに移った。それは、私のふるさと出雲だけでなく、日本中でおきた変化だ。

十代のころ、毎日、学生鞄をさげて歩く通学路に、四軒の本屋があった。思えばそれは、幸せな放課後だった。

けれど今の子どもたちにも、幸せな本との出会いがある。田舎に住んでいても、ネットで、最新刊も古書も買える。読みたいときに、その場ですぐにダウンロードできる電子書籍がある。小説投稿サイトで、作家志望者の物語を、ただで読むこともできる。さらに、新しい文学を紡ぎ、ネットで世に問うこともできる。町や村には美しい図書館があり、充実した蔵書がある……。二十一世紀に生まれた十代にも、放課後の本屋のような空間はあり、そのむこうに、新しい地平線が広がっているのだ。

間村俊一

一九五四年兵庫生まれ。装幀家・俳人。『新校本宮澤賢治全集』『新編中原中也全集』『塚本邦雄全集』など多数の装幀を手懸る。句集に『鶴の鬱』『抜辨天』、装幀集に『彼方の本』（筑摩書房）などの著作がある。

隣人　本にまつはる十句

堀江栞「声よりも近い位置」展

ずつとそこにゐたんだ春雷の家に

きのふ塩尻でボルヘスに会つた

アレクサンドリアの菫父匂ふ

武漢

虹の根を捜し当てしが身罷りぬ

書物としての父

父はミノタウロスにして銀漢濃し

言はずと知れたあの池
深川に古池探す秋の暮

神楽坂にあつたあの店
シモーヌ・ヴェイユ神楽坂下夜蛤

七つの鐘を六つ聞いて残る一つが今生の『曽根崎心中』
しぐれして枕の下の蜆川

私小説風に
霜月の女の声も葛西かな

づぼらやのふぐちやうちんも失せにけり坂田三吉マ〆クして来よ
蓬萊やパンデミックの鶴游べ

にんぐわいのひとに
コロナわが隣人にして花腐《くた》し

丸山貢一

信濃毎日新聞社論説主幹。長野県上田市出身。一九七九年信濃毎日新聞入社。大町支局、軽井沢支局などで記者活動。編集局報道部長、文化部長、松本本社報道部長を歴任。二〇一二年十月から論説委員。一四年四月から現職。

晴耕雨読の日々を夢見て

瞬時に欲しい情報にたどりつける時代である。電子書籍は、読みたい本を即座に購入でき、内容をたちどころにパソコンの画面に表示してくれる。

新聞のコラムを書いていると、この利便性にすっかり漬かっている。「待つ」ストレスがない。けれどパソコン上の文字はまるで記号のようで意味が頭に入ってこない。視覚だけで文字を追っているためだろうか。

紙の本は違う。視覚はもちろん、触覚や聴覚でも感じている。嗅覚が働くこともある。手触り感がいい。ほどよい重さが伝わってくる。ページをめくれば小さな風が頬をなでる。今日はここまでとしおりを挟み、パタンと音を立てて閉じるのも楽しい。

そんな本の魅力を追究している長野市の老舗製本会社を見学したことがある。全国の造本装幀コンクールで何度も入賞している。

信州の名工に選ばれた一級製本技能士の男性の作業を見た。機械製本の基になる「束（つか）見本」を作っていた。白紙を裁断して折り、束を綴じて、表紙でくるむ。ニカワの濃いのりを薄く塗る。本の背に丸みを出す。手作業の世界に魅了された。

先代の社長が考案した独自技術も興味を覚えた。背に筒状の紙を貼り背表紙と本体の間に空洞を作る。押さえていなくても閉じない。手に障害がある友人が不便さを訴えたのが開発の動機という。楽譜、料理本や教材など開いたまま使いたい本に利用されている。

本は、たくさんの人の手を経て出来上がる。企画、文章の執筆、写真撮影、編集、印刷、製本、そして販売。感性や情熱、繊細な技がリレーのようにつながって読者に届けられる。

私はそれらの思いを受け止められるような褒められた読者とはいえない。コラムに引用する文章を「素材」としてつまみ食いしているようなものだ。

二〇一四年三月末まで信濃毎日新聞社主筆を務め、「考」というコラムを連載していた中馬清福さんは「引退したら本当の読書をしてみたい」と言っていた。素材探しのため本を利用するだけではなく、じっくり読み込んで、その世界に浸り、自らの考えを立ち上げる…。そんな願いだったのだろう。勇退とともに闘病生活に入り、同年十一月に亡くなった。「本当の読書」は少しでも実現できただろうか。

私も締め切りに追われる毎日だ。引退後の夢は、田舎で畑付きのコテージを借りて、農仕事を学びながら、雨の日は読書に浸る、そんな晴耕雨読の日々である。

丸山光枝

元東京都公立小学校教諭・司書教諭。在職中、図書館研究部に属し、共に図書館教育・読書活動・調べ学習の研究・実践を行う。退職後、大学で司書教諭課程の講師として大学生と共に調べ学習を楽しむ。

調べ学習ワークショップ

「これは何?」「なぜ? どうして?」「どうなってるの?」子どもは本来知りたがり屋で好奇心のかたまりです。頭の中は問いでいっぱいです。問うことは生きることです。

ところが学校教育の中で先生や教科書が教えてくれる答え・正解を受け止めて覚えているうちに自分から問うことがだんだん少なくなっていきます。大学生に聞いてみるとたまに調べる活動を行っても、「先生が課題やテーマを出して、後は宿題。本をひたすら写してました」という答え。調べ学習ではなく写し学習です。長年提唱されながら学校現場で主体的な学び、調べ学習、それを支える豊かな図書館が実現しないのはなぜでしょう?

それは調べ学習を経験しないまま指導者になっている人がほとんどだからです。指導者が自ら体験し、研究していくしかありません。「信州しおじり 本の寺子屋」における講座での調べ学習ワークショップは大きな大きな意味があるのです。
講座当日のワークショップは以下のような流れでした。
一、テーマを設定しよう　自分の問い　調べたいことは何か明確にする
テーマを見つけるためには、日頃の教科学習から疑問を見いだす、関連の新聞記事で興味を広げる、図書館散歩やブックトーク、ビデオ視聴などが大切です。当日はグループでおしゃべりして大きなテーマを決めました。ここですぐに本を探しに行くと関連本の情報を片っ端から写すことになります。テーマについて浮かんだ言葉などを自由に想像したり、具体的に調べたいことを考えたりすることが大切です。
二、図書館に行って本・資料を収集しよう
調べたいことについて、タイトルや目次などを見ながら本を探します。
三、資料を読み、調べたことをカードに記録しよう
小さいカードに記録します。一枚のカードに一つの具体的な調べたいことを記入します。
四、カードを整理して作品を仕上げよう
同じような内容のカードを集めて、記述の順を考えて作品にまとめていきます。
五、調べたことを発表しよう
発表し、人と交流することで調べ学習の楽しさが実感できます。

塩尻市立図書館は、問いが生まれ、自由に探究し、学ぶ楽しさに満ちた、誰もがずっと滞在したくなるような素敵なところでした。

三島利徳

一九四七年、長野県下伊那郡豊丘村生まれ。信濃毎日新聞文化部長、論説委員を経て現在は「農民文学」編集長、長野県カルチャーセンター文章講座講師。日本エッセイスト・クラブ会員。著書『安曇野を去った男』（人文書館）。長野市在住。

地方を創る——農民文学の今

二〇一六年は私にとって実りの多い年だった。「破天荒作家　山田多賀市と農民文学」と題した評論で第五十九回農民文学賞を受賞。この作品などを収載した本『安曇野を去った男——ある農民文学者の人生』（人文書館）を出版。「信州しおじり　本の寺子屋」では「本の魅力——書評の功罪」を講演させていただいた。「書評の話を」と長田洋一さんが声を掛けてくださったのは、私が信濃毎日新聞文化部で長年書評担当をしたからだと思う。この仕事の中で、農業や生活の変貌などをテーマにした、きらりと光る作品があることが分かり、日本農民文学会が発行する雑誌「農民文学」にも注目するようになった。

二〇一二年信毎を退職してから私は農民文学史研究に取り組み始めた。最初に山田多賀市（一九〇七～一九九〇年）の足跡をたどった。安曇野の貧しい小作農家に生まれた山田は苦労して山梨県で農民運動に打ち込み小説を書く。思想弾圧を受けた。戦後は出版業をおこし甲府から「農民文学」を全国に向け発行した。代表著作は『耕土』『雑草』『農民』『終焉の記』などだ。各地方の農業や生活、環境との関わりの中で農民文学は紡がれる。そして農民文学はそれを生み出した地方を広く世界に知らせ、独自性や普遍性を明らかにすることになる。

私は「農民文学」の編集長を二〇一七年の三百十六号から務めている。以前は季刊だったが会員の減少もあり今は年三回発行だ。掲載される農民文学賞受賞作品から厳しさと同時に希望も見えてくる。幾つかを紹介する。

福島県福島市の油井憲一さん（八十代）は詩集『生ぎるど決めだ』で受賞。フクシマの原発事故を批判しそれに負けずに生きる決意を語る。神奈川県山北町の和田真希さん（三十代）は有機農業を営み、小説『飢渇川』で受賞。会のホームページや農民文学誌に漫画も連載し活気を呼び込んでいる。長野県上伊那郡箕輪町の柴茜さん（三十代）は牛を飼う夫と結婚。牛やわが子を見つめて、詩集『命のしずく』で受賞した。北海道別海町の玉井裕志さん（八十代）は根室原野に酪農開拓者として入植。苦闘しながら小説を書き続け『風の旋律』で受賞。地元には玉井さんの文学館ができている。

私は塩尻市立図書館の本の寺子屋と農民文学をダブらせて捉えることもある。寺子屋で話す人も農民文学に作品を書く人もそれぞれに思いは深い。それがまず尊重されなければならない。話を聞く人、作品を読む人との交流も深まってほしい。寺子屋も農民文学も小さくても気概があり、人間尊重と平等、多様性の精神が貫かれている。そこがいい。

水原紫苑

一九五九年横浜生まれ。歌人。春日井建に師事。歌集に『びあんか』『客人（まらうど）』『あかるたへ』『えぴすとれー』『如何なる花束にも無き花を』など。新刊に『水原紫苑の世界』『百人一首　うたものがたり』。

本よ、ありがとう

電子書籍ができた時、紙の本はもうなくなってしまうのではないかという声も聞かれた。だが、以来ますます紙の本の魅力は私たちを惹きつけて離さない。

「信州しおじり　本の寺子屋」を支える長田洋一さんは、私の恩人である。私は長田さんに四冊の本を作っていただいた。歌集『客人（まらうど）』『くわんおん』散文集『空ぞ忘れぬ』歌集『あかるたへ』である。

中でも最初に出た『客人（まらうど）』は、今はもうできない活版印刷だった。時々ページにふれてみると、文字の凹凸が指に感じられてうれしい。

活版ではなくても、本を手にすると心が躍る。装丁の美しさも紙の本でこそ楽しめる。また天金や革張りなどの豪華本にも憧れる。

本というものができて何とありがたいことだろう。印刷術万歳だ。

私は今、初心者として古代ギリシャ語やラテン語を習っているけれど、パピルスの文字を書き写した中世の人々は、どんなに大変だったかと思う。自分でノートに写す時もよく間違えてしまうのだが、昔の人も、もちろんもっと学問はあったにせよ、同じようなことをやっていたわけなのだろう。ひとつ文字が違うだけで全く意味が変わってしまうこともあるし、行が飛んでいることも珍しくない。

源氏物語なども写本によって名前がついているし、本文の違いも少しずつある。女房たちがみんなで写して回し読みをしていたと思うと楽しいが、だんだん文章が変わっていってしまっては困ったことになる。

学問としてその違いを研究するのは大事なことだろうが、一般人としては、どれが本当なのか迷ってしまう。一握りの人しか読めないのでは寂しい。

本があってこそ、誰もが文化を共有できるのだ。本とはいわば自由と民主主義の根幹だとも言えるだろう。一冊の本から新しい世界の旅が始まる。

これから作りたい本はまだわからないが、楽しい本にしたいと思う。そして、できれば子どもたちにも読んでほしい。

未来を生きる子どもたちが喜んでくれる本、それが私の夢である。

三田誠広

一九四八年、大阪生まれ。早稲田大学文学部卒。七七年『僕って何』で芥川賞。主な作品は『いちご同盟』『空海』『偉大な罪人の生涯／続カラマーゾフの兄弟』など。日本文藝家協会副理事長。武蔵野大学名誉教授。

こころをひらく図書館

子どものころは鉄道マニアだったので、中央東線と西線、篠ノ井線、それに辰野を経由して飯田線ともつながっている塩尻という駅の存在は知っていたが、下りるのは初めてだった。じっくりと駅のたたずまいを見ていたかったのだが、図書館からの出迎えがあるのですぐに改札口を出た。

講演のあとで図書館内を案内された。開架式の書架が並んだ広大なスペースがあり、利用者が自由に書架の本を手にとっていた。建物の開放感と明るさ、それに的確な書籍の分類で、利用しやすい施設だと感じた。

本の並べ方にくふうがあって、こころをひらく図書館になっている。利用者の表情にも本と出会う喜びが感じられた。盆地の中央にいい図書館がある。素晴らしいところだと思った。

ぼくは東京の御茶ノ水に住んでいるので大きな書店や、神田の古本屋街まで歩いていける。地方ではそういうわけにいかないので、この図書館は貴重であり、地方の文化を支えているのだろう。そこに携わる人々の心意気のようなものが感じられた。

とくに重要なのは若い人たちと本との出会いだ。いま国は教育のＩＴ化を推進しようとしていて、小中学生に端末を配布し、近い将来、電子教科書も担任教員から出る宿題も、生徒が各自に端末にダウンロードすることになるらしい。調べ学習も端末をネットにつなげば簡単に情報が入手できる。便利で効率的にはなるだろうが、そこからは何か重要なものが抜け落ちるのではと危惧される。

その抜け落ちるものというのは、一つは家族や友人との語らいということなのだが、もう一つは紙の本と向き合う時間だ。テレビやネットで得られる情報は受動的になりがちだし、受け手が選択できる場合も、自分の限られた好みに従って先に進むことになり、未知の知識、広い知識と出会う機会が減少することになる。

でも、図書館があれば大丈夫だ。開架式の明るい図書館をのんびり歩いていれば、視界のすみに何かがひっかかってくる。これは何かな、と思って手を伸ばす。そこから新たな領域への興味が広がり、その人の未来まで変えてしまうかもしれない。

だれもが端末をもち、ネットとつながっている時代だからこそ、紙の本をずらっと並べた図書館の役割は、いよいよ重要なものになっていくのではないだろうか。

宮田政幸

一九六〇年、長野県松本市生まれ。中学校教諭、タウン誌編集者、フリーのコピーライターを経て、一九九八年、松本エリアの子育て情報誌創刊のため、会社設立。有限会社メディアゴーゴー代表取締役、月刊イクジィ編集長。

あれからのイクジィ、そしてこれから

一九九八年に創刊した松本エリアの子育て情報誌「月刊イクジィ」が、大きな転機を迎えたのは二〇一五年四月だった。それまで定価を付して書店、コンビニ、スーパーのスタンド等で頒布していた有代誌から、定価ゼロ円の「フリーマガジン（以下、フリマガ）」へ転身を果たしたからだ。

とは言え、これには苦渋の決断が必要だった。踏ん切りを付けられた一番の要因は、スマートフォンの普及に伴って、販売部数が下降傾向になったことだった。情報誌が欲しい方に、対価を支払って入手していただきたいという創刊当初からのこだわりはあったが、刊行存続のためには世の時流に逆らうことはできなかった。「本の寺子屋」の講演をさせていただいたのは、その移行への準備段階のさなか、切り換え直前の一月だった。

講演では、イクジィ発刊の現実と理想をテーマに話を進めたが、その中でフリマガ移行によって見込まれるメリットについて次の五項目を掲げた。
1　より多くの方に行きわたり、これまで以上に情報を活用していただける。
2　それによって、広告効果が上がる。
3　「フリマガ」なら出稿したいという新規クライアントが出現してくれる。
4　書店配本や定期購読者管理などの手間が不要になる。
5　病院やカーディーラー、美容室などに、最新号を存分に献本できる。
この五つとも「その通りになった」と実感するまでには、移行後三か月を要しなかった。悩んだ末だったが、明らかに「移行して良かった」と思えた。

それから五年が経過した現在、フリマガとしてのイクジィはおかげさまで地域にますます定着してきたと実感している。しかしながら、定期刊行物の出版は順風満帆とは言えない。発行存続のために、今後は次の三つのことが重要だと考えている。
1　媒体価値を高めながらも、読者にとってバイブル、心の拠り所としていただけるよう築いてきた読者との信頼関係や読者相互のネットワークをさらに強固にしていく。
2　あくまで印刷物、雑誌の出版にはこだわるものの、このインターネット社会の中、もはや必須とも言える、ネット系との相乗効果（殊にSNSの活用）を狙っていく。
3　イクジィ発行を根幹に据えながら、「官民協働の子育て支援センター」開設の夢を実現し、三次元、四次元の子育て支援サービス提供を図っていく。

村上しいこ

児童文学作家。『かめきちのおまかせ自由研究』（岩崎書店）で日本児童文学者協会新人賞を、『うたうとは小さないのちひろいあげ』（講談社）で野間児童文芸賞を受賞。人権問題など、講演活動も広く行う。

言葉をあじわうということ

私は自分で書いている作品は、どんなに小さな子どもたちに向けた作品でも、「文学」だと自負して書いています。そして文学とは何かと聞かれれば、それは、どうすれば人が幸せに生きることができるかという、永遠に続く探求だと答えます。

今の時代、特にウィズコロナといわれる時間を経験した子どもたちは、みんながストレスをあじわい、早く時間が過ぎるのをじっと待っているようにも見えます。自分たちがストレスを受けていることも、しっかりと自覚して耐えています。そんな時代のそんな子どもたちに向けて、どういう作品が魅力的で、どういう本を求めているのかと、いつも思いながら書いています。ここしばらくは、貧困にしろ精神疾患にしろＤＶにしろ今の厳しい時代を反映させた作品を書いてきました。幼年童話にも今は〝ふつう〟にあるシングルの家庭を登場させたりしています。

しかし少し立ち止まって考えると、そうした作品を一生懸命に書くことが、子どもたちにとって有益なのか、揺れる気持ちもあります。もっと心の底から自由に楽しめる作品を書くべきではないかと。

「文学」が不確かな明日を捉えようとするものなら、「言葉」はたしかな今日を捉えようとするものなのではないでしょうか。とにかく早過ぎるのです。色んなことがあれよあれよという間に目の前を通り過ぎ、じっくりと「言葉」を使って今を捉えることが困難です。それは私個人のことだけではなく、政治やスポーツやアニメでさえ、すぐに忘れ去られるのがほとんどです。申し訳程度に、一年も終わりになると、流行語大賞や今年の漢字などといった行事で立ち止まり、一年を振り返った気分になります。

でもそれだけではまったく足りないことは、いうまでもありません。サプリメントだけで生きているようなものです。本当の栄養はあじわいながら摂るべきものだと思うのです。そのためにも「本の寺子屋」のような活動が期待とともに重要になってくるのではないでしょうか。

私もそこに関われる一人として、もっと言葉に厳しくならなくてはと思います。何を書きたいのか？　何を書くべきか？　何が書けるのか？　その葛藤の中で子どもたちが出会って良かったと思える作品を書き続けていきたいものです。立ち止まり振り返る、ゆとりある豊かな人生を築くお手伝いができたらいいなと思います。

持田鋼一郎

一九四二年八月東京生まれ。一九六五年、早稲田大学政経学部卒業後、筑摩書房入社。一九八三年退社後、著述、翻訳を行う。歌人、紀行伝記作家、翻訳家。歌集に『此岸と彼岸』（ながらみ書房）著書に『エステルゴムの春風』（新潮社）訳書にG・Eメーヨー『夢の終わり』（みすず書房）など。

絶望と希望

このところ、街を歩く楽しみが少なくなった。その最大の原因は、新刊、古本を問わず、街から書店がどんどん消えてゆくことにある。銀座は子供のころから親に連れられてよく歩いた街だが、学生時代になると近藤書店と洋書のイエナによく行くようになった。しかし、その両書店共に今は消えてしまった。紀伊国屋、福家も消え、いま残っているのは教文館書店だけである。しかし、ここで本を買ったついでに今後の商売の見通しを店の人に聞くと、悲観的な答えが返って来る。日本を代表する街といってもいい銀座から書店が消えてしまう日が来るかもしれないと思うと、なんとも暗い気持ちになる。大げさに言うと、絶望感すら抱く。上野の明正堂もいまはない。渋谷でも新宿でも書店は消えて行きつつある。私の住むつくばみらい市に書店はなく、近くの守谷市のショッピングモールの中にあったフタバ図書という書店も昨年末に店を閉じてしまった。

出版はどうかと言うと、倒産のニュースが絶えず、大出版社による中堅出版社の系列化が進んでいると聞く。その大出版社の収入の大部分はアニメだそうだ。また、ある伝統的な出版社の経営が悪化し、これだけ優良な不動産があるのになぜ経営不振に陥るのかということで、銀行から役員が派遣されたところ、出版事業が不動産の利益をすべて食いつぶしてしまっていることを知り、仰天したという。

電車に乗ればみなスマホを握り、一両に一人でも本を読んでいる乗客がいれば見つけものである。社会のデジタル化が進めば進むほどこの傾向は加速されると思うが、起死回生の方策はあり得ないのだろうか。少年時代から本が好きで、長じては出版社に入り編集者になり、その後筆一本で細々と生活する身にとって、本の再生はまさに死活問題である。

このような状況の中で、数年前に「本の寺子屋」で話をするようにと招かれたが、その時、本の未来に一縷の光明を見出した。その会場に来た人々に接し、ああ、まだ本をこれだけ愛し、大事に思う人々がいるのだ、ということを実感したからだ。あろうことか会場に置いてあった拙著『良寛』を購入してくださる方までおられて、喜びは一入だった。

「本の寺子屋」のような集団が次々に出来て、本を読む喜びや楽しみが伝えられて行くことが、本の世界の起死回生の方策の大きな一つになるのではないかと感じた。

読書も執筆も孤独な営為である。それだけにその経験の共有は連帯を深める。本の未来に対する絶望を希望に変える試みの一つとして、「本の寺子屋」の発展を心から祈りたい。

横松美千繪

一九四六年東京生まれ。七〇年夏、早稲田大学文学編集室で学生の立松和平と出会い、七一年春結婚。夫の故郷宇都宮で十一年間暮らし、東京へ。執筆、取材に飛び回る夫のもと、二児を育て留守を守る。夫は二〇一〇年他界。

体験的読書考

「本」について言えば、子供たちに様々な本に触れさせることは、大切であると思う。私の幼い頃は、同居する大伯母や父が、本に関係する仕事をしている環境にあったからでもあるが、家の中には壁一面の本棚がいくつもあり、文学書類をはじめとして、図鑑類、ミステリー小説類など、多種多様な本の背に触れて育ったのであった。ごく幼ない頃のクリスマスには、祖母は岩波の『こねこのぴっち』の絵本をプレゼントしてくれ、それは私の子や孫にも、本とともにその思い出を伝えるまでになっている。

子供心にも本は、私の空想の世界を広げ、中学生になると、家にはない本を学校の図書館でみつけては借りて読んだものである。モーパッサンの『女の一生』や、パール・バックの『大地』などは、その頃の私を充分に触発させる内容がつまっていた。

受験はなかったので、中学、高校時代には、手あたり次第の読書をし、友達とも本の情報を交換共有しつつ、今思い返すと一生のうちで最も本を読んでいた時代であった。本の世界にとりこまれた私は、恋愛についても想像をたくましくし、自分が恋をしたら、一途な形が好ましいと憧れ、おぼつかない詩などもしたためていたのを懐かしく思い出す。

さきに書いたように実家では、書く仕事に携わる父が苦労して生計をたてていたので、結婚をするのなら、定収入のある会社員がよいと思っていたのだが、夫との出会いがあり、それは面白いほど刺激にみち、なんとかなるさと、無理矢理ではあったがその生活に飛び込んだ。その夫はというと、小説家をめざし、書く仕事にたいしてはそれはそれは真面目に向きあっていた。しかしながら妻の私は、夫の書いたものは熱心に読まなかった。女性について言うと、誰かをモデルにして書いていることがわかるといやであったという理由である。父が推理小説の翻訳などしていたので、その分野に興味を惹かれていった。

翻って私共の息子は、いつの間にか本好きになっていた。長じて夫が亡くなった後、出版社からの要請もあり、息子は夫が書きはじめていた「鳩摩羅什」の続きを、取材を重ね書き上げ、出版に至った。

娘は、夫の存命中よりその取材に伴い、北海道の酪農家に住み込み、乳しぼり体験をし、夫の文のさし絵を担当。その後も絵本をはじめとして、絵に関わる仕事を続けている。

子供たちには、分野を問わず、興味をもった本を、沢山読んでほしい。その中には必ずや自分の世界を広げ、夢のもてる未来につながるものがあると思うから。

和田登

児童文学作家。一九三六年、長野県川中島町に生まれる。信大教育学部を経て小学校教師となるも、早期退職。信大教育学部、上田女子短大で児童文学を講じる。在学中から書き継いできた著作はファンタジー、ミステリー、戦争児童文学に至るまで約百冊。

語っておきたい私の扉の話

人は生まれてくる時、神さまから生きられる運命的時間をいただいてくる。それを人生と呼ぶ。その人生には、まだ開かれぬ扉が沢山ひそんでいる。その扉の存在を気づかせてくれるのは、だいたいが自分以外の者だ。

私自身のことを語れば、自分が文学の扉を開き、その道を歩むようになったのは、小学校（当時は国民学校）入学から三年生まで教わった「井口ばやん」と呼ばれ親しまれていた先生の影響である。名は志げ乃。先生は、私たちが太平洋戦争突入の翌年入学という過激な時代にもかかわらず、グリムやアンデルセンをはじめとする沢山の物語を読んでくれた。じつは後日知りえたことだが、「カチューシャの唄」等で知られる大正時代の女優、松井須磨子の親類であったのである。そのためか、あの時代のデモクラシーの息を引き継いでいたような気がする。私たちが戦場への扉を可能な限り開かぬよう意識していたようだ。

さて、私はその先生によって開くことが出来たもう一つの扉がある。やはり一年生の時の夏。先生は理科の時間にみんなを庭に連れ出し、桜の木の下で告げた。

「アリさんをみつけたらね、どこまで、どのように歩いて行ったか後をつけて行って見てね。そして、教室に帰ったら教えてね」

が、だいたいの子たちは遊んでいるばかり。私はというと孤独な少年だったので、一匹のアリを川土手に見つけるとずっと追い続けた。やがて、教室に帰ったとたん、私に指名が来て、先生は、

「登さんは、すごかったのよ」

と、たたえ、「その様子」を黒板に書くようにと言われた。私は迷った末、白いチョークで黒板の右はじから左はしに向かって、えいっ、とばかりに白い一本の長い線を書いただけで席に着いた。先生は、「ほら見てごらん、登さんはね」と、根気よさを認めた絶賛の声をあげた。とたん、みんなの瞳が、きらきら輝いた。この白い一本の線の記憶――。それは今も意識しつつ歩んでいる。特に文学という道を。それは、「根気よく、諦めずに」という扉を開けることになった瞬間でもあった。

ところで、「本の寺子屋」は、集う人々が自分が気づかないでいる心の扉に気づかせてくれる場だと私は思っている。そして扉が開かれたのちに、未知の方々と知り合い互いに繋がっていけば、人生はさらに楽しくなる。親しくなった人が、さらに新しい扉に気づかせてくれる可能性も大いにありである。

● 歴代館長エッセイ

● 受講生に聞く

● 図書館職員に聞く

● 対談

【歴代館長エッセイ】

出版文化を守る図書館

内野安彦

「歴史に『もしも』はない」とはよく言われる言葉である。大袈裟と笑われるかもしれないが、もしも私が米子市の今井書店が関わった大山緑陰シンポジウム記録集や新宿の文壇バー〈風紋〉を知らず、中上健次に個人的な思い入れがなかったとしたら、長田洋一さんとの初めての会話は恐らく盛り上がりに欠けたものだったに違いない。当然、盛り上がらない会話は長く続くはずはなく、ましてや「本の寺子屋」という気宇壮大な構想が長田さんから発せられることはなかったと思う。

気宇壮大とはやや誇張し過ぎかもしれないが、茨城県鹿嶋市、そして長野県塩尻市と地方の小さな役所に奉職してきた私には、本の寺子屋構想で長田さんが発した言葉は、御身大切と石橋を叩いて渡る典型的な公務員ならば「この話は聞かなかったことにさせてください」となっていたであろうし、長田さんだってそんな消極的な態度に見切りをつけていたであろうことは想像に難くない。

しかし、どういう会話の流れだったかは記憶が定かではないが、大山緑陰シンポジウムの話題となり、私は公務員としての冷静沈着さをすっかり失ってしまった。長田さんの口から次々出てくる著名な作家の名前や、〈風紋〉を舞台にした文壇秘話などに魅了され、後先考えず「やってみましょう」なんて軽率にも答えてしまったのだ。

さあ、それからが大変である。次年度予算の要求の前に理事者には話を通しておかなければならない。理事者の事前の合意なしに予算要求のできる企画ではなく、もしも次年度の新規事業として市議会が認めてくれれば、図書館どころか塩尻市の目玉事業となり得るかもしれないのだ。

幸いに新しい図書館は堅調に滑り出していたこともあり、さらに大きな集客と県外からの視察も見込める事業としてまずは財政課の了解を得ることができた。

残るは市議会である。新刊が出たら日本全国の書店の店頭に平積みされるような著名な作家を塩尻に毎月のように呼ぶ新規事業である。いったいいくら予算が必要なのかとの懸念は長田さんのプロデュースによって相当抑えられると説明できたにしても、どうしてそれを塩尻でやる必要があるのだ、という疑問の声が挙がってもなんら不思議ではない。

えんぱーくの中にできた新しい図書館は、施設・設備は派手に映るかもしれないが、書架に並ぶ資料は極めて地味である。その地味さを長田さんは来館して直ぐに感じられたに違いない。私の大学院時代の恩師も、初めて訪ねてこられたときにこう言った。「どこにもない図書館を創られましたね」と。

出版関係者や図書館関係者が見れば直ぐわかる。古田晁の生誕地であることから、日本有数の点数を誇る筑摩書房コレクションは言うに及ばず、県立図書館クラスでなければ所蔵していない文学全集や、ナショナルチェーンの書店でしか見ることのできない、換言すれば公共図書館ではあまり所蔵されない本が書架のそこかしこにあるのだ。そういう書架を見て、長田さんは「この塩尻でやりたい」と言われたのではないか、と私は勝手に思っている。

それが理由なのだ。この塩尻でやってみたいという長田さんの思いに応えたい、そういう気持ちで議会に臨んだつもりである。どんな説明をしたのか、平成二十四年三月定例会福祉教育委員会の議事録を見てみよう。本の寺子屋をこのように説明している（議事録の一部をそのまま転載）。

「原形となっておりますのは、鳥取県米子市に拠点を置きまして、鳥取、島根に二十店舗以上書店を展開しております今井書店という老舗書店がございます。一九九五年にこの書店が始めました本の学校というのが原形になっております。こちらは、ドイツを模範にいたしまして、地域の人々の生涯学習、さらに出版業界人の研修の場として学校を設立したものでございます。地方発の文化事業といたしまして、二〇〇九年に、日本文学振興会が主催いたします菊池寛賞を受賞しております。ちなみに、こちらの賞は、最近の受賞者を見てみましても、映画監督の新藤兼人、作家の筒井康隆、落語家の桂三枝とそうそうたる方が受賞している賞でございます。塩尻におきましては良書の普及に生涯をかけた古田晁の生誕の地でございます。古田晁の魂を引き継ぎまして、また出版王国と言われる信州

姜尚中氏講演会にて

の出版文化というものを守り、読者、作家、書店、そして図書館が一体となったイベント、そういったものを展開してまいりたいと考えております。」

この説明を受けて、某議員から、わくわくする、えんぱーくはもとより中心市街地の賑わいにもなると思う、との趣旨の発言があり、予算は認められたのである。

「菊池寛賞」「信州の出版文化」「出版王国」「古田晁の魂」など、議会の議事録におよそ馴染みのない、いや禁じ手と思えなくもない言葉を口にしていることからも、公務員として最後の議会という思いが私の中であったのかもしれない。

そうなのである。私はこの市議会の約三週間後に塩尻市を退職。平成二十四年度からの当該事業を後任の館長はじめ図書館スタッフに託した。なんとも無責任極まる出処進退である。しかも、本の寺子屋の顧問就任の要請も固辞するという無礼も働いた。

私が拘り、議会でも説明した年度当初に年間の全講座（科目）を告知するという大学のシラバスをイメージしたやり方は担当者に大変な労力をかけさせることになったものと思う。にもかかわらず毎年素晴らしいパンフレットを作成し、こうして十年も続けてきてくれたことは言い出しっぺとして感謝に堪えない。

本の寺子屋が縁で、今井書店の永井伸和氏の謦咳に接することが叶い、それどころか米子市の本の学校で拙いお話をさせていただく機会までいただいた。そもそも本の寺子屋に関わる縁の始まりは本の寺子屋五周年を記念して出版された『「本の寺子屋」が地方を創る　塩尻市立図書館の挑戦』で初めて知った。それは長田さんと私の邂逅を演出してくれたのは松本の古書店の店主だったということである。図書館員は地域に出ること、地域を知ることの些末な実践が本の寺子屋という大河の源流であったようだ。

おいしい珈琲やカレーライスを味わえる図書館も魅力的ではあるが、私は矜持を持って出版文化を守っていこうとする姿勢の見える図書館が好きである。そしてなによりも市民に支えられ愛される図書館が好きである。そうすることで、図書館はまちづくりへとつながる存在になっていくと思う。奇をてらったイベントなどで耳目を集め、お茶を濁す施設では断じてない。

いまでは塩尻は彼方の地となったが、いつまでも出版文化を守る矜持を持った図書館であってほしいと願う。

【歴代館長エッセイ】

広い空に綿毛は飛んで

伊東直登

二〇一二年七月二十五日、東京へ向かう特急あずさに塩尻駅で乗車した私は、車内で長田洋一さんと合流しました。作家の辻井喬さんにお会いするための上京でした。辻井喬さんには、すでに長田さんからお話しいただき、「信州しおじり　本の寺子屋（以下、「本の寺子屋」）」に顧問として係わっていただく内諾をいただいておりました。この日は、その正式なお願いを兼ねて、ご挨拶に伺ったのでした。

本書にも何度も書かれていると思いますが、本の寺子屋の趣旨を体現し、象徴する一つとして、著者、出版社、書店、図書館を代表する形で四人の皆さんに顧問をお願いしていました。書店を代表してはもちろん、本の寺子屋の原型である「本の学校」を主催する今井書店の永井伸和さんにお願いしました。去る二月に米子市で初めてお会いする機会をいただき、歓迎されながら受けた薫陶は、本の寺子屋の基盤を固め、推進するための大きな力となりました。出版社を代表しては、塩尻市と縁の深い㈱筑摩書房の熊沢敏之社長（当時）にお受けいただきました。図書館を代表しては、えんぱーくの構想期からご指導をいただいていた常世田良さんにお願いをしました。そして、著者を代表してお受けいただいたのが、当時、㈳日本文藝家協会副理事長であり、㈳日本ペンクラブ理事の辻井喬さんでした。言わずと知れた、実業家堤清二さんその人です。

あのころを思い返せば、想定を超えた数の人々でにぎわうえんぱーくでの毎日に追われながら、本の寺子屋の企画は進みました。その中で長田さんから示され、具体的なスケジュールの中に書かれていく多くの著名な皆さんの名前に、活字とリアルの感覚が麻痺していたような気がします。そこから少し現実に引き戻されたのが、車中で合流した長田さんが身に着けたネクタイでした。いつもはラフないでたちの長田さんです。親しき中にも礼儀あり。クールビズで来てしまった私に、長田さんは、「大丈夫ですよ」と笑ってくださいましたが、心中落ち着きません。

訪問を約束した社屋に着きました。約束の時間までのわずかな時間を確認し、百円ショップでも何でも探してみますと、長田さんを一人残して走り出しました。最初に目に飛び込んだ店は、入ったこともない、でも名前はあまりに有名な某ブランドショップでした。ここは、銀座一丁目なのです。ためらう時間も惜しんで入店し、ネクタイを置いた一角へ。選んでいる時間もないのですが、どれも値札が付いていません。すると、店の方が、こちらは三割引きになってますと案内してくれました。やはりわかるらしいです。ここも値札は付いていませんでしたが、一本を選んで買い、そのまま身に着けました。普段買うネクタイが十本も買える値段に、顔色が変わったことを見せないように店を飛び出しました。

東京の蒸し暑い昼下がり、ビルに挟まれた小さな公園のベンチに長田さんを見つけ、申し訳なさでさらにへこんだままセゾン文化財団の受付に向かったのでした。

こんな経過をたどると、緊張も極致に達します。ですが、案内された部屋で出迎えてくださった辻井喬さんのやさしい穏やかな笑顔が、私の緊張をほぐしてくれました。そして、旧知の間柄である辻井喬さんと長田さんとの、お互いの健康を案じながら交わされる会話にしばし聞き入りました。その会話では、まるでテレビで別世界を見ているかのように、著名な皆さんの名前とその近況が飛び交っていました。本の寺子屋が、塩尻の狭い空を広げていく様子を見ているかのようでした。お二人が歩んでこられた濃厚な人生に圧倒されながらも、その時間と空間をご一緒させていただいた贅沢なひとときでした。塩尻市立図書館の様子や、本の寺子屋の説明をさせていただくことが訪問の目的でしたが、逆に励ましのお言葉を頂き、充実した本の寺子屋の開催と、これから塩尻にお迎えする皆さんへの気持ちを新たにする、決意の訪問になったといえます。

四日後の七月二十九日、えんぱーくの開館二周年にあたるこの日、本の寺子屋は開講しました。開講にあたり、辻井喬さんからメッセージが寄せられています。

本当の図書館は、ただ本を読む場所ではなく、昔の寺子屋のように、そこで人生について語り合い学ぶ場所であって欲しいと思います。図書館がその意味で地域の人々の集まる場所になった時、文化は栄え、わが国はＧＤＰの数値に頼らない充実した国家になるに違いありません。これは新しい幸福の出現です。

図書館は、ただ本を読むだけの場所ではない。語り合い、学び合い、地域の人々が集う場所になってほしい、というメッセージです。この思いは、近年、図書館や本に係わる多くの皆さんが掲げている図書館の将来像にほかなりません。私にとっても、そこに向かう道を探すことが、この十年間の仕事であったと言っても過言ではありません。でもそれは遠い道のりです。今もまだ、静かに本を読む人以外には居所がないかのように思われ、少なからぬ図書館員でさえそう思っているのが現状なのです。

そんな、本や図書館の可能性を、辻井喬さんは十年も前にさらりと言ってくださいました。それは今も、私たちの行く先を色あせることなく照らしています。この日から、さまざまな分野で活躍する皆さんが、本の寺子屋で講義を行ってくださいました。そうした皆さんが運んでくださった新しい光が、同じように私たちを照らしています。

高価なネクタイは、今は見かけないデザインになりました。本の寺子屋は、図書館や書店の空間と同じく森羅万象を駆け巡り、色あせずに輝く活動となって進化し続けてきました。これからも、ますます光り輝き、進化する本の寺子屋であり続けますよう願っています。そして、鳥取から風に乗って飛び、信州の片田舎に舞い降りて芽を出した本の寺子屋と同じように、本や活字を大切にする新しい芽が、日本、いえ世界各地に、さまざまな色や形の花を咲かせますよう願ってやみません。新しい幸福のために。

【歴代館長エッセイ】 本があるという暮らし

中野実佐雄

『「本の寺子屋」が地方を創る』が出版されたのが二〇一六年五月、その年の四月に私は図書館長に就いている。図書館長という内示を受けた時の気持ちを思い返せば、「私には何ができるのだろう」だったと記憶している。「私にはできない」よりも「どうにかなるさ」という気持ちが強く、意外と焦ってはいなかった。土木技師として塩尻市役所に入庁し、主にその道を歩んできた。しかも、図書館の利用は皆無。一度だけ調べたいことがあって利用しただけ、そんな程度の職員であった。私にとって図書館は、そんなに関心を寄せる対象ではなかったのだ。ただ、「本」に関しては常に手元にあり、身近な存在であった。

私の図書館長歴は図書館の仕事を知ることから始まった。優秀な図書館司書がそろっていたから安心はしていた。わからないことは教えてもらえばいいのだから。そのことよりも私には何ができるのかという自分自身への問いと、図書館と別の世界で仕事をしてきた人間の発想をどう伝えたらいいのだろうかと模索していた。そんな折、手にしたのが『「本の寺子屋」が地方を創る』であった。すでに図書館がまちづくりやビジネス支援に動いていることは承知していたが、具体的に、目の前の事象について記している点について興味深かった。「本の寺子屋」に関しては、始まった当初から関心があった。姜尚中、谷川俊太郎、上野千鶴子、その他にも話を聞きたいと思う講師陣が名を連ねていた。しかし、関心はそこまでで、「本の寺子屋」の意味するところまでは至ってはいなかった。

現代の図書館の進むべき方向に「本の寺子屋」は置かれている。私はそう思っている。『「本の寺子屋」が地方を創る』の最後に綴られた言葉が印象に残っている。「我々の暮らす地域には、少子・高齢化を筆頭に問題は山積している。地域住民が、自らが暮らし生活する地域を見つめ直し、豊かにしていくためには、『知恵の交流の拠点』がなければならないと考え始める転回点がいつか必ずやってくる。」「『本の寺子屋』で何を学ぶかを考える主人公は、最終的には地域に暮らす一人一人に移っていくべきだと思う。」（『「本の寺子屋」が地方を創る』東洋出版、p.125）このことはまちづくりの本質だと感じた。筆者のいう最終形に近づけるために「本の寺子屋」で何ができるのか、どう実践していくのかを考えることが必要だ。なによりも「知恵の交流の拠点」は図書館がある市民交流センター「えんぱーく」の建設理念であるのだから。

館長に就任してから半年が経過していた頃、「本の寺子屋」を含め、次年度の計画を詰めるにあたり、腐心したことがある。図書館とまちづくりの結びつきである。「えんぱーく」が塩尻市の中心市街地、大門商店街の中に立地している点、図書館が地域資料を収集する役割を担っている点を意識した。まちづくりの中で、地域を知ることは必要不可欠である。まずは地域資料を活用すること、そのことができればまちづくりの一助になるのではないかと考えた。図書館だけが動いてみても〝まち〟には届かない。まちづくりには〝まち〟にかかわる人が動くことが重要となる。とにかく動いてみないと事は始まらない。「本の寺子屋」の中の一形態として「地域文化サロン」を企画した。地域文化サロンのテーマを決めるにあたっては図書館職員に提案を求めることにした。地域が主体となる前に、まずは図書館員が地域を考える、そして地域に還元するという土台が欲しかったからだ。その中から生まれたテーマの一つが「昆虫食」であった。講師はすぐに決まったのだが、何か物足りない。そこで、昆虫食なら昆虫を実際に食べてみよう、しかも今までにない食べ方の提案を。これは〝まちづくり〟につながるのではないか。大門商店街でフレンチレストランを経営しているシェフに相談したところ、積極的な協力が得られた。既存の昆虫食から一歩踏み出したものとなり反響が大きくテレビ取材も入ることとなった。この年は「信州の昆虫食が世界を救う」を含め三つの地域文化サロンを開催した。

もうひとつ実現したい企画があった。市内の映画館「東座」との企画である。大門商店街から少し外れたところにある映画館なのだが、ここの館主とは高校の同学年であったことから以前から親しくしていただいていた。地元スーパーで買い物かごを持ちながら「映画監督は小説などの原作をどう映像化するのか」そんな話を聞きたいとお願いした。紹介されたのが、翌年に封切りとなる映画「関ケ原」の監督であり、脚本を手掛けた原田眞人さんであった。地域でがんばっている映画館と「本の寺子屋」を企画する。わくわくする展開となっていった。

いくつかの新しい企画を試みたが、〝地域が主体〟にまでは至らなかった。このことは今でも心残りである。しかし、これは継続という時間軸の中できっと解決されていくであろう。図書館が地域の中に存在し、その図書館で「本の寺子屋」が十年に亘り継続してきた意味は大きいと感じている。

図書館長の二年間は短いながらも濃い二年間であった。ビジネス情報相談会を始めたことや童心社の協力を得て開催した「いないいないばあ50周年企画」などは思い出深い。その後、いくつかの出版社との企画に繋がっていったこともうれしいことだった。当然やり残しも多々ある。次の世代に期待していきたい。

図書館という存在の中で異質な私を受け入れ、ともに図書館運営を進めていただいた職員の皆さんに感謝をしている。私にとってこの二年間はとても有意義なものであった。

図書館長に就いて最初に職員にお願いしたことがある。「ほんとうの豊かさとは何かを共に考えたい」と。その答えは誰からも返ってきてはいない。答えは返ってこなくていい、ともに考えることが大切だと思っている。カネやモノではない「人生の豊かさ」を追求していく場所として図書館は存在しているのであるから。

本は買って読むことの多い私にとって、二〇一六年の窪島誠一郎さんの「〈書物浴〉のススメ～本のそばにいる幸せ～」の話は胸に落ちた。読みたいと思う本たちが私の手の届くところで待っている。「早く読んでくれ」と言わんばかりに。

【受講生に聞く】　受講者が交流し若者が集まる場に

「信州しおじり　本の寺子屋」の熱心な受講生の一人、中島祥夫《よしお》さんは一九六二年生まれ。下諏訪に本社のある部品メーカーに勤めている。塩尻市から約六十キロ離れた長野県飯島町在住。「（飯島町のある）伊那谷では大きな本屋がない。そのため、本がほしい、読みたいと思うと、どうしても塩尻や松本に出てこなくてはならないのです」と話し、マイカーを運転し約一時間、土日の休みのうち月に二回ほど塩尻や松本を訪れ、書店を見て回る。そしてそのうち一度は、「本の寺子屋」を受講する。そんな生活が続いているという。

「郷土史などの調べ物はよく地元の図書館を利用します。塩尻の図書館には、資料を調べたり借りたりというより、もっぱら一階フロアで開かれる企画展、それと本の寺子屋のために訪れます」と中島さんは話す。

「本の寺子屋」の初参加は、児童文学作家の、くすのきしげのりさんの二回目の講演「子どもの心に気づくとき～作者が語る絵本の世界」（二〇一六年三月六日）だった。だがどのようにして寺子屋を、そして企画の中身を知ったのだろうか。

中島さんは地元紙「信濃毎日新聞」の紹介記事で「本の寺子屋」を知った。最初は、参加できるのは塩尻市民だけかと思っていたという。仕事が忙しく、中国工場への短期出張などが続き、機会もなかった。しかし自宅に近い駒ケ根市立図書館で、あるとき「本の寺子屋」のチラシを見つけ、関心があればだれでも参加できることを知った。

作家と会場との交流

これまでに三十回くらいは「本の寺子屋」に出席し、講師の話を聞いてきたという。その中で、一番印象に残っているのは、『いちご同盟』などの著作で知られる芥川賞作家の三田誠広さんの講演「本を読むこと／本を書くこと」(二〇一九年五月十九日)だった。会場で三田さんの著書が地元書店の特設ブースで販売され、講演会後、三田さんのサイン会があったので購入した。講演の中でも触れられたフランスの文学者サンテグジュペリの「大切なことは目に見えないんだよ」という言葉が気にかかり、後日、三田さんの『星の王子さまの恋愛論』(日本経済新聞社、二〇〇〇年初版)も買って読んだ。それまであまり読んでいなかった三田さんの本に関心を持ち、読書の幅が広がったという。

ところで、中島さんがその場で感じた「面白さ」は、三田さんの講演ももちろんだが、むしろ質問の時間の会場とのやり取りだった。中島さんは話す。

「三田さんの話を聞いていた七十代くらいの女性受講者が手を挙げて、次のような質問

三田誠広氏講演会にて

をしました。

私は本が好きでずっと読んできました。周囲の同年代の人たちは、それほど本を読むわけでもなくて、生きてきました。そこで私は考えました。私が読書に費やした時間を、どう考えたらよいでしょうか。本を読むということは一体、どういうことなのでしょうか。

正確ではないかもしれませんが、概ねそういう質問でした。いや、すごいことを聞くなと思いました。私を含め、会場全体が三田さんの回答を待ちました。

そして、その質問への回答がすばらしかった。三田さんの回答は、こんな内容でした。

本を読むということはどういうことなのか、と私も考えることがあります。もちろん、だれもが読書の習慣を身につけているわけではありません。けれど、読むことによってさまざまな知識が身につきます。そしてそれは、知っていても何の役にも立たないことも多いでしょう。ならば本を読むということは、無駄なことなのでしょうか。いいえ、私はそうは思いません。実はそれこそが喜びなのです。人と人の絆は無駄な時間をともに過ごすことから生まれると思うのです。無駄と思えることが人と人とのつながりを育み、深め、そうしてそれが人生の豊かさにつながっていくのではないでしょうか。

私はこの回答を聞いていて、いや、すごくいいことをいうなあ、と思いました。

中島さんはそう話した。その受講生の質問と、三田さんの回答という会場でのやりとりが、強く印象に残った。「本の寺子屋」には、講師の講演はもちろんだが、講師と会場との間に、本当にすばらしいやり取りがある。中島さんは、各回の講演とともに会場とのやりとりを記録して、アーカイヴを作って公開できないかとリクエストしたいという。

講師の講演内容だけでなく、その場限りで終わらせてしまうのが実に惜しい会場との交流がある。それはまさに「本の寺子屋」が生んだすばらしい果実なのだから、同様に資料として記録、保存すべきではないか。寺子屋の今後を考えるとき、それはとても重要なことではないでしょうかと中島さんは話した。

「本の寺子屋」に参加するうちに、それまで関心が薄かったジャンルの本を読んだという経験もある。それは、『塩の道・千国街道』などの著作で知られる民俗・日本思想史家の田中欣一さんの「塩尻が生んだ不世出の詩人　島崎光正の世界」（二〇一七年七月二十三日）に参加したときだ。「地元にすごい人がいたんだなと感動しました。それまで、この島崎光正という人のことを全く知らなかったのです」という。

その後、島崎光正への関心が生まれ、著作を図書館で借りて読んだ。著書は絶版が多く、松本市内や高遠（伊那市）の古書店で探してもらい、見つかったときは感激したという。

「本の寺子屋」は、それまで知らなかった分野の本の楽しさ、面白さを教えてくれる。こうした受講生たちにとり、ここで学んだ読書の面白さが、人生を一層豊かに生きる一助となり始めている。

十年間の取り組みによって、塩尻は「本の寺子屋のまち」になった。「ほかのまちなら何年に一度しか呼べない著名な作家、詩人たちが毎月のようにやってきて話をし、それを図書館で聞くことができる。塩尻はそんなまちになりました。塩尻はワインのまちとして知られ、そして短歌をたしなむ人には短歌の聖地でもありました。その塩尻がこの十年間で、さらに本の寺子屋のまちという新たな顔を持つことになったのではないでしょうか」と中島さんは話した。

しかし、克服すべき課題もまた見えてきた。中島さんは「本の寺子屋」に参加し始めてから約五年だ。しかし、寺子屋が縁で交流が生まれた人はいない。

一人の講師の話を、これまで縁のなかった人たちが一緒に聞く。けれど寺子屋が終わるとそのまま会場を後にして、買い物などをして帰宅する。「もしも私が塩尻やその近くに住んでいて、顔見知りの人を会場で見かけたりすれば、交流が生まれることもあるかもしれませんが、なかなか敷居が高いです」と中島さんは話す。

例えば講師の話を聞いた後で、四、五人のグループに分かれて話し合うワークショップのような時間を設けてきっかけをつくれば、知人、友人が生まれるかもしれない、と思う。寺子屋に通う人は、本が好き、読書好きな人で、講師に関心がある人だから、きっかけがあればきっと、交流が生まれる。

受講者同士で定期的に話し合うような場があれば、もっと楽しくなる。そして、受講者相互のつながり、交流が深まれば、受講者の側から寺子屋の企画や運営へのより積極的な提案が出てくるだろう。それはまさに塩尻の内部からの情報発信につながり、その中心的役割を「本の寺子屋」が担うことになる。

若者を巻き込む仕掛け

若い世代の参加が少ないことも、克服すべき課題だ。そこで、受講者も参加して企画を考える委員会を作る。そして若い人を呼び込み、地域に関心を持ってもらうための仕掛けを検討する。

参考になる事例がある。岐阜県飛騨市を一つの舞台にして二〇一六年に公開されたアニメーション映画「君の名は。」である。全世界に公開される人気を獲得し、物語の舞台となった市内の場所を全国から若者たちが訪れる「聖地巡礼」という現象も話題になった。

このアニメーション映画は地域経済にも少なからぬ影響を与えた。岐阜県内では、ほかにアニメーション映画のストーリーの舞台となった岐阜市、大垣市の三市などが二〇一七年に「ぎふアニメ聖地連合」を設立した。アニメーションを鑑賞して心を動かされた若者たちが、全国から舞台となった地域にやってくる。そして今まで脚光を浴びることのほとんどなかった地域の文化や街並みの美しさが再発見される。そして地域経済にも刺激を与えた。ここから「本の寺子屋」が学べることはないか。

もしも外部の仕掛け人の手によってではなく、その地域の内側から、その地域を題材にしたストーリーが発掘・創作され、それがアニメーションや舞台のシナリオになったらどうだろうか。

そんなストーリーを「本の寺子屋」を拠点にして、塩尻市立図書館の資料を駆使して、若者も含めオール塩尻の力で創ることはできないだろうか。塩尻に所縁のある人、先ほどの島崎光正でも、あるいは筑摩書房の創設者・古田晁でもよい。あの人の子供のころはどうだったのか。家族や町や学校の様子はどうだったのか。若い世代にそのシナリオを一緒に作ろうと呼びかける。そのシナリオで演劇をやるのもいい。

「本の寺子屋」がそういう活動の拠点になる。資料を読み、シナリオを書く。そのとき、図書館の資料が生きる。レファレンスサービスが生きる。地域のお年寄りの話を聞く必要が出てくるかもしれない。ストーリーの書き方、作り方を講師から学ぶ。そういう活動の中心となって、塩尻の新しい文化の発信拠点にしていく。

中島さんは「若者たちはアニメに関心があるでしょう。そうした若者たちに、資料を読んでほしい。地域のお年寄りに話を聞きに行ってほしい。これはとてもいいことです。そして読み込んだ資料や持ち寄った情報をもとに、作品を創りあげる。アニメでも、聞き語りでも、演劇でもいい。そういうチームが、寺子屋の中に生まれればいいと思います」と話した。

若者も高齢者も、みんなが集まったオール塩尻の力で市民の側から新たな地域文化を発信する。最初の十年間が過ぎ次の十年が始まった今、「本の寺子屋」は、本が与えてくれる感動を受信するばかりでなく、地域の歴史・文化を自らの力で作品として練り上げ、創造し、発信する場にもなる。そういう寺子屋を生み出せればすばらしいと中島さんは考えている。

【図書館職員に聞く】　職員は地域文化の企画マン

図書館未利用者の入口に

「学び」という言葉の意味が、一方から他方への一方的な知識の伝達ということなら、「本の寺子屋」はそういう学びの場を目指してはいない。それはあまり楽しいものではないし、対話や交流も生まれにくいからだ。もちろん、そういう厳しさがあってもよい。けれどそれだけではなく、今まで知らなかった本や言葉を発見し、気づく喜びがあること、そしてそれによって毎日をより心豊かに暮らせるようになる対話や交流が生まれ、知人・友達が生まれること、そんな新しいことが生まれる場に「本の寺子屋」がなれるなら、その場に親しみを感じ、毎回わくわくして通ってくれるようになるだろう。「本の寺子屋」は、そういう場所になることを目指して活動を続けてきた。

歌人の穂村弘さんは二〇一九（令和元）年十一月二十四日、本の寺子屋での講演「言葉の不思議」で、「学びと遊びの境界線が消えて一つになるような雰囲気が最高です」「学びの原点に返る喜びを感じます」と「本の寺子屋」の印象を言葉にした。学ぶことの喜び、遊ぶことの喜び。その喜びは、これまで気づかなかったことを読書から発見することの喜びだ。学びを通じてだろうと、遊びを通じてだろうと、与えてくれる喜びに違いはない。そういう喜び、楽しさ、知的刺激を書き手との交流を通じて見つけ出し、読書への意欲を生み出すこと。それもまた「本の可能性を考える」という言葉の意味ではないか。学びと遊びの境界線が消えること。この穂村さんの言葉は、これまでの「本の寺子屋」が十年間目指してきた目標を言い表している。

ところで「本の寺子屋」は、講師と講師の話を聞きに集まる参加者、受講生の二つの要素だけで成り立つのではない。開設当初から運営に大きく関わってきた編集者の長田洋一さんとともに、どのような講師にどのような主題で話をしてもらうかを検討し企画を考え、一年間の講演の予定を企画・調整する図書館の職員たちがいて初めて、寺子屋は生命を吹き込まれる。読書の習慣があり、本の楽しみを知っている人には、さまざまな領域の未知の書き手の講演の話に耳を傾け、これまで縁のなかった分野の本を発見するためのハードルは、それほど高くないだろう。

一方、これまでの人生であまり本を読むことのなかった人に、まずは読書の楽しさを知ってもらうためには、別の工夫が必要なのではないか。著名な書き手を塩尻に招き、その魅力を感じ刺激を受けることでこれまで気づかなかった読書の喜びを発見してもらうという長田洋一さんが開設当初から実現してきた試みは当然、「本の寺子屋」の大きな柱としてある。それがあったればこそのこれまでの十年間だった。

それはこれからも寺子屋をして寺子屋たらしめる骨格として続いていく。ただ十年という決して短くない期間で定着した、このスタイル・方向は、参加者に一定の読書習慣があることを前提とするし、小説・詩などへの関心のありようも問われることにもなったのではないか。それはもちろん、本好きな市民に知的刺激を与える素晴らしい企画として定着した。一方、もう一つ、これまであまり読書の喜びを知らず、図書館から足が遠のいていた人々に読書が与えてくれる楽しさを知ってもらう仕掛けが必要であり、そのための企画を充実させる必要があるのではないか――。そういう思いが「本の寺子屋」の運営に関わる図書館職員の中に生まれた十年間でもあった。

図書館職員の藤牧晃平《こうへい》さんは話す。


今の寺子屋は「本好きのためのイベント」です。もちろんそれでOKです。図書館を利用する人が増えることは、長期的な視点において、市にも市民にも良いことであるのは、間違いないと考えます。文化・健康・まちづくり・学びの面などなど。その図書館利用を促進するのに、寺子屋が活躍してほしいと思います。寺子屋は図書館未利用者の入口ともなるべく、「本好きでない人も来る本の寺子屋」になっていってほしいのです。そうすればその方も、ゆくゆくは図書館を利用するのではないかと思います。

図書館在勤五年目の北林あやのさんも次のような感想を抱く。

「本の寺子屋」に参加してくださる方の大半は、図書館を利用してくださったことのある方だと思います。ですが、今後は図書館を利用してくださったことのない方が興味をもって足を運んでくださるような講演会、展示を考えていくことも必要だと感じました。

「地域文化サロン」の狙い

彼らのいう、これまであまり図書館を利用したことのない人が足を運んでくれるような企画を「本の寺子屋」に盛り込んでいるのが、二〇一七（平成二十九）年から始まった「地域文化サロン」の試みだ。二〇二〇（令和二）年までに講演六回、対談一回、関連企画展二回が実施された。これらは、「本の寺子屋」の担当職員七人が月に一度集まりアイデアを持ち寄る企画会議の中から生まれた。塩尻ワインや、地元生まれの詩人・島崎光正など地元に根差したテーマを取り上げてきた。

なかでも、二〇一七年十二月三日の「信州の昆虫食が世界を救う」は、世界的に関心を持たれているテーマということもあり、注目された。講師の田下昌志さん（日本鱗翅学会評議員）と丸山潔さん（松本むしの会代表幹事）はほかの三人とともに『信州人　虫を食べる』

（信濃毎日新聞社、二〇一五年）の共著者。会場脇には市内の書店のブースが設けられ、この本の販売も行われた。
運営に関わった職員の大澤青加《はるか》さんは次のように話す。

今までの参加者層とは違う方、約四十人が参加しました。従来が六十～七十代としたら、四十～五十代も多く、子育て中の人も参加されました。終了後のアンケートを読むと、多くは「面白い企画だ」と好評でした。

こうした「地域文化サロン」の試みは、本との関わりを保ちながら地域とのつながりにも目配りをしている点で、今後の「本の寺子屋」の内容の一層の広がりを予感させる。「本の可能性を考える」とは、どうしたら人に読書の喜びを伝え、書き手と出版社と書店と図書館が連携して出版文化を守ることができるかを考え、実践することだ。信州の昆虫食は、いうまでもなく地域の特色ある文化を紹介するテーマであり、それを掘り起こした地方の出版社が刊行した本・資料が紹介され、その著作者が講演する企画だ。昆虫食への興味、関心によって集まった受講生は、著作者の講演によって、今まで気づかなかった本を紹介され、読んでみようという気持ちになるかもしれない。会場には地域の書店によって著作の即売ブースも設けられている。
「出版文化を守る図書館」「地域の伝統・文化を広く紹介する図書館」の実践すべき企画

としてふさわしい。ただ人が集まるならなんでもいい、必ずしも本は必要ないというような、単なる「にぎやかし」のイベントではない。

この昆虫食の地域文化サロンのユニークさはさらに、塩尻市内のフランス料理店のシェフを会場に招き、講演終了後に昆虫食の試食会まで実現した点にある。

大澤さんはその経緯を説明する。

調理してくれた地元のフレンチ・レストランのご主人は三十代のIターンの男性。とても協力的な方でした。地域文化サロンのテーマとしていくつか本を選んだ中で、昆虫食の本を選び、これをやりたいということになりました。その話を、当時の職員が、「どうせだったら試食してみようか」という提案をし、以前から面識のあったご主人に話したら、一発でOKでした。参加者が前半の著者の話を聞き、そのまま全四十人が後半の試食会に臨みました。新聞もテレビも取材に来ました。ネットニュースにも流れました。参加者にとっても、地元レストランにとっても、書店組合にとっても、ありがたい企画でした。もちろん私たち職員にも自信が生まれた。いい企画だったと思います。

図書館が図書館という建物の外へ、地域へ出ていき、地域と連携していく。そこに飲食店まで巻き込んだことは特筆すべきだ。こうした企画を続けていくことで、地域の中で図書館の、そして「本の寺子屋」の存在感は大きくなり、市民の応援団も生まれてくる。大澤さんは「職員にも自信が生まれた」と話す。これはとても重要な一言だ。自分たちが苦労して練り上げた企画が受講生に受け入れられ、メディアを通じて広く紹介される。そういう成功体験が、「自分たちが『本の寺子屋』をつくっていくのだ」という自信を育んでいくことになる。

「地域文化サロン」の設置にも関わった上條史生館長は、サロンの意義について説明する。

地方ではなかなか話を聞くことができない著名な講師を招いての講演会は、今後も本の寺子屋に欠かせない魅力です。それらに加えて、「塩尻市の文化に光を当てる」テーマを盛り込みたいという思いにより「地域文化サロン」は生まれました。

公共図書館の重要な使命の一つに地域資料の収集・活用があります。塩尻市及び信州の歴史・民俗・文学・芸術・伝統産業など様々な分野に関するテーマを取り上げて、市民の皆さんとその魅力を探ることは、塩尻市立図書館が収集する地域資料の活用と地域文化の理解につながります。市民が地域文化を知り、大事にしていくことは、地域の魅力の向上や地域づくりにも欠かせません。

市民と交流深め応援団つくる

とはいえ、昆虫食のような興味深い題材が常に見つかるわけではない。たしかに地域には埋もれた魅力、物語があふれているだろう。しかしそれを発掘するためには、図書館の職員はアンテナを高くし、積極的に地域の中に入り、地域の情報、市民の関心のありように敏感でなければならない。

「本の寺子屋」の講師と受講生との間には質疑応答があり、交流のための基本的な仕組みはある。しかし職員と受講生との間はどうだろうか。

北林さんは話す。

図書館の通常のカウンター業務では、利用者の皆さんと言葉を交わすことは普通のことなのです。けれども、寺子屋の運営の中では、受講生の皆さんの生の声を聴くことはほとんどありませんでした。毎回、アンケートへの記入をお願いして、声を拾い、それが受講生の反応だということになっています。それはその通りなのですが、その場で「どうでしたか」「こんなところがすばらしかった」「今度はもっとこんな話も聞いてみたい」などの声を拾うことが必要だと感じます。そうすることで、参加者と職員、図書館の距離がより近くなるのだと思います。そういう受講生の方々が集まれば、これは「応援団をつくる」ことになるでしょう。この方々にも、この先ぜひ、寺子屋の企画、運営に参加してもらえたらすばらしいと思います。

「本の寺子屋」を運営する図書館職員が資料に当たり、企画として成立しそうな地域のテーマを掘り起こしてつくりあげる「地域文化サロン」。それは「本の寺子屋」の新たな魅力として定着している。

そしてそこに受講生・市民がつくるグループが加わり、自らが企画会議に参加もするようになれば、本を通じた地域文化の紹介はより豊かになる。

「本の寺子屋」はこの十年、事業をけん引してきた長田洋一さんが主導する著名な書き手による多くの講演により、図書館のファンを獲得してきた。同時に、図書館職員の中に、地域の図書館だからこそできるユニークな企画のデザイナーとしての自覚を生み育ててきた。そして書き手による講演会に触発され、職員との交流によって市民の中から「応援団」がつくられ、「応援団」が企画作りに参加するような近未来の目標が定まれば、「本の寺子屋」は地域と市民により深く根差した「私たちの図書館」になるだろう。

「信州しおじり　本の寺子屋」を担当する職員。左から大澤青加さん、藤牧晃平さん、北林あやのさん＝塩尻市立図書館で

【対談】

寺子屋が目指すもの

長田　洋一
高橋　龍介

高橋　本の寺子屋が始まって十年が過ぎました。塩尻市立図書館の数ある主催事業の中でもユニークな企画で反響もあり、常連の受講者も生まれました。たしかに一定の支持を得るまでに成長し、ある程度「地方を創る」端緒たりえたかと思います。一方、寺子屋を継続するために解決しなければならない課題も見えてきたように思います。

長田　この間、感じてきたことを整理すると、寺子屋の内側の課題と、寺子屋の外側、いわば現在の日本の文学をめぐる大状況から生じる課題が浮かび上がったと思うのです。

第一に、内側の問題とは何か。日曜の午後の二時間という比較的参加しやすい時間帯に講座が開かれることが多く、様々な世代が出席しやすいように図書館には工夫をしていただいた。ただ実際の受講者は五十代以上が中心です。

企画に携わっている側としては、若者から高齢者まで、できる限り多くの世代の参加を求めたい。しかし若者の参加は少なかったという反省があります。

勉強したり友達と談笑したりする中高校生、大学生の姿は、図書館ではよく見かけるのです。だから彼らが図書館と縁遠いというわけではない。しかしその図書館の中で開講される寺子屋を受講しようという若者は少ない。なぜか。理由はいろいろあると思いますが、寺子屋は若者の関心を呼ぶ内容に必ずしもなっていなかったのではないか、という思いがあります。

高橋　首都圏から著名な作家、クリエイター、研究者、ジャーナリストなどの講師が話をしに来る。それを楽しみに熱心に耳を傾ける。しかし彼らのテーマは、たしかに中高校生の関心からは離れているのかもしれません。もちろん、例えばお笑いコンビ・麒麟の田村裕さんの自伝的作品で二百二十万部以上のベストセラーとなり、映画化された『ホームレス中学生』のメガホンを取った映画監督の古厩智之さん（二〇一九年三月十日）や、スタジオジブリのアニメーション映画「魔女の宅急便」の原作者で児童文学作家の角野栄子さん（同年十月二十七日）など、若者たちへの訴求力を持つ講師もいなかったわけではありません。

長田　しかし全体として振り返ると、果たして若い世代にアピールする講義要項であったかという自問があります。

もちろん、ただ若者を集めればよいということなら、もっと別の人選、アプローチはあったでしょう。図書館に人を呼び寄せ、そこで人々が交流する地域の核を作り出したいという目標はある。けれど寺子屋にはもう一つ、より重要な「本の可能性を考える」というテーマがあるのです。
詩人で小説家の辻井喬さんが寺子屋開講時に寄せてくださった「人生の寺子屋」という文章を思い出します。そこには、「本当の図書館は、ただ本を読む場所ではなく、昔の寺子屋のように、そこで人生について語り合い学ぶ場所であって欲しいと思います」とあります。これから長い人生を歩みだそうとする若者たちに、人生をかけて追いかけるに足る目標や問題意識を発見するきっかけとなるような読書体験をする場に、寺子屋がなってほしいという願いがあると私は思います。

高橋　長田さんにはどのような経験があったのでしょうか。

長田　高校生の時も読んだり書いたりしてはいました。しかし本当に衝撃を受けたのは、大学時代に下宿で読んだ五味川純平の『人間の條件』が最初でしょうか。一九六〇年代後半に吹き荒れた学生たちの反乱の季《とき》。たまさかに出席する講義は退屈で何の刺激もなかった。だからあり余る時間を読書で過ごしました。その中で、『人間の條件』全六巻を何日何晩かかけてぶっ続けで読み終えたときの興奮は今も覚えています。初年兵の梶が軍隊の中でどんな体験をしたか。日本人が大陸で中国人に何をしてきたか。この圧倒的な暴力の中で生き抜いた人間の記録です。読み終えてなお興奮冷めやらぬ私は、この本を出版した三一書房を神田駿河台に訪ねました。

高橋さんの最初の読書体験はどうでしたか。

高橋　父が図書館員で家には本がたくさんありました。そういう環境は整っていたのですが、外で遊んでばかりの小学生でした。横面を張り飛ばされた、というような読書体験の最初は、高校二年の冬に読んだドストエフスキーの『虐げられた人びと』（小笠原豊樹訳、新潮社）でした。冬休みに何か分厚い文庫本でも一冊、と書店でたまたま手に取ったのです。たしか一晩徹夜し丸二日半かけて読み終えました。食事の時も読んでいて、母に注意されましたね。

長田　どんな刺激を受けたのでしょう。

高橋　私は豊かでもなく貧しくもない、ごく普通の公務員の家の三男で、世の中のことなど何も知らない甘ちゃんでした。だから率直に言ってそこに何が書いてあるのかよくわからなかった。登場人物の人間関係も複雑でしたし。ただし、そこに描かれた恐るべき貧困、無力な人間に向けられる理由のない悪意と暴力。そうした弱者の命がけの抵抗と、小さい者を慈しむ愛情。神様が世界を創ったというなら、どうして世界はこういうふうになっているのかという疑問。そういうものを伝える活字に初めて接した。小説の中のそうしたいくつかのエピソードが、パンチの連続になり心に残りました。それで冬休み中、何度も読み返しました。この状況を「ドストエフスキーの毒に当たる」と書いた評論を後に読みましたが、たしかにそんな感じでした。

長田　そういえば、六〇年代後半と七〇年代前半にドストエフスキーやトルストイ、チェーホフの作品舞台を訪れたことがありますが、あの広大な大地に羨望を抱いたことがあります。そのころ同級生はどんなものを読んでいたのでしょう。

高橋　一九七〇年代半ばのことです。筒井康隆、星新一、横溝正史、ちょっと読書家の友人は三島由紀夫、安部公房という感じでしょうか。ロシア文学なんてだれも読んでいなかった。それでその次は、その次は、とこの作家の作品を読み続け、受験勉強から逃げていたという面も幾分あったのでしょうが、結局、浪人が決まって担任にあいさつに行きました。

担任は、鎌倉の材木座に住み、旧制一高、東大卒。漢文が専門の厚いレンズの眼鏡をかけた教養人でした。

「君は今、何を読んでいるか」と聞かれた私は「ドストエフスキー。何にもわからないのです。それでも徹夜して読んでいます」と答えました。先生は少し意外そうな顔をして「ほお」と一呼吸した後、「君、大物をつかまえたな」と喜んでくださいました。あれを読め、これを読めと言わず、いわんや、そんなものは大学に入ってからでいい、とにかく受験勉強しろなどとは言わず、一人の大人として相対してくださったようでうれしかった。素敵な先生でした。

長田　読書が結んだ縁、ですね。

高橋　たいへん僭越、不遜な言い方ですけれど、そういう読書体験を若いうちにすることで、本との一生涯の付き合いが始まると思うのです。

長田　あれを読め、これを読め、というのでは意欲は生まれにくい。寺子屋にできること、寺子屋がすべきことは、「読む、読まないは君の自由だ。そのうえで、こういう本がある」

と提示し、少しばかりのお手伝いをすることでしょう。それがあって初めて、自分たちが生きている時代や人間について考え、「人生について語り合い学ぶ」という辻井喬さんの掲げた目標に至る出発点に立てるのだと思います。

しかも寺子屋には、作者がいらして、話をしてくださる。活字を追う楽しみとは別の、生の息づかいや所作、謦咳に接する楽しみというのは、確かにあるのです。そしてそれはさらに刺激を与え、爆発に至る導火線の役割を果たしてくれます。

高橋　より多くの若者の参加を促すことはもちろんですが、問題は寺子屋の講座が終わった後です。講座で話を聞いたその晩、あなたは何をしますか、ということなのです。それはまた、寺子屋の講座が受講生の新たな読書への知的関心を呼び起こす刺激になっているだろうか、という疑問です。

長田　もちろん、ああ面白かった、はとても大切です。それがなければ何も始まらない。けれども主催する側としては、その面白さが刹那的なものに終わらず、受講者の読書生活の幅を一層広げ、深める契機になってほしい。そして読書を媒介に交流を始め、深めてほしい。それこそが寺子屋の目標だったのです。そして寺子屋で受けた刺激が、図書館の蔵書の森の中に分け入っていくエネルギーとコンパスになる。これは年齢に関係なく、受講生の皆さんすべてに望む将来の姿です。

これまでの受講生にはそれなりの読書量があり、人生の経験も積んでいる方が多かった。若い人ばかりでなく、そうした受講生の、恐らくは若いころに読んできた本の蓄積・基礎に対しても改めて揺さぶりをかけ、できればショックを与えるような場でありたい。つまり、「あの講師のほかの著作を読んでみようか」「あんなことを話されていたけれど、どういうことなのか、関連資料について図書館のレファレンスサービスに相談してみよう」という展開を求めたい。

第一の課題をまとめると、中高校生ら若者たちの参加を促す仕掛け、企画をもっと考えなければならないということです。誤解を恐れずに言えば、このままでは寺子屋はじり貧になってしまうのです。図書館で教科書や問題集、参考書を広げている彼らが「へえ」と関心を持ち、「聞いてみようか」と思わせる企画を充実させ、周知する必要があるのです。

高橋　よくわかりました。それでは、二番目の寺子屋の外側、いわば現在の日本の文学をめぐる大状況から生じる課題とは、どういうものでしょうか。

長田　現在も出版社の編集顧問をしている関係上、時折、東京・神田神保町に通っています。仕事が終わると、行きつけの場所でコーヒーを飲み、そのあとは軽く酒を飲み、翌日信州に帰ってくるという生活を続けています。その店は、付近にたくさんある出版社の編集者が集まっては雑談し、自分が今、取り組んでいる仕事の話などの情報交換をする場、だったのです。しかし最近の彼らの話を聞くともなしに聞いていると、これはもう情報交換などというものではない。毎回行くのが嫌になるくらい絶望的です。

高橋　彼らの話の中身が、ですか。

長田　「今、こんな企画を考えているんだ」なんて話は皆目、聞こえてこない。とにかく「売れない」「もうだめだ」というばかり。例えば「あの出版社が出した（嫌韓・嫌中などの）ヘイト本、売れているらしくていいよね」という類の愚痴とぼやきです。中堅からベテランともいえる経験を積んだ人たちですよ。売れりゃあいいっていうだけなら、編集者になんてならなくていいじゃないかと思ってしまいます。

高橋　あるライターがヘイト本について語った対談の中で、出版不況の中でも一定の需要がある（売れる）、取材費がほとんどかからず簡単にできる、などとその「効率の良さ」を説明していました。

長田　それこそ姜尚中さんが二〇一五年度寺子屋開講の辞に記してくださった「効率性と収益性だけがモノをいう時代」という出版界の成れの果ての姿です。

それから、私は文芸雑誌（河出書房新社の雑誌『文藝』）の編集者をやっていて、エンターテインメントというよりも純文学に関わってきたからかもしれませんが、従来、純文学とエンターテインメントとの間には歴然とした差異があると思ってきたのです。ところがここにきて、純文学系は絶滅危惧種になったという思いに駆られています。

「本屋大賞」という賞があります。書店員が推薦する本です。つまりそれは売れる本ということですね。その候補作が毎回十本くらい挙げられてくる。そのほとんどはエンターテインメント系です。そして一つがひとたび本屋大賞をとったとなれば、あっという間に三十万から四十万部売れる。「本屋大賞」は今や、文学賞の中では最高の水準の賞だといわれているわけです。

高橋　芥川賞にしても直木賞にしても、それらは売れる、売れないという物差しで選ばれてはいなかった。しかし本屋大賞は異なる。

長田　そうです。人間の苦悩とか死、愛憎などといった、純文学が追求してきた人間の普遍的なテーマや文体に心血を注ぐ作品よりも、類型的に描かれていても小説はとにかく面白ければそれでいいじゃないか、という時代になったのではないか。そうなると、寺子屋が取り上げてきた「本の可能性」という言葉の指し示すもの自体の再検討をしなければならなくなる。時代小説やミステリー小説のようなエンターテインメントを寺子屋のラインナップに取り上げなければならないのかなと考えています。それは現代の日本の文学状況の変化が原因です。

高橋　かつての「純文学」には、読み手がそれを受け取り、問い、考え、豊かに生きていくためのメッセージを書き手が伝えるという役割があった。そういう作品が生き残るのが困難な時代に私たちは今、放り込まれている。そしてそういうテーマがないとは言わないまでも、もっぱら楽しさを追求し、あっという間に消費される商品としての本を、送り手が競って作るようになった。

前の本『「本の寺子屋」が地方を創る』でも触れましたが、ノンフィクション作家の大下英治さんが寺子屋の講義の後で私に「若者が恋愛をしなくなったそうだ」と話をしたことがありました。恋愛をするということは傷つくということだ。真剣な読書は恋愛に似たところがあって、魂から血が流れるということなのだ。ところが若者は傷つくのを恐れ、苦しむことを嫌うあまり、最初から逃げてしまう。自分の心に向き合い、世界と立ち向かう貴重な機会を返上してしまう。この小心翼々として自分の周囲のごく小さな繭のような場所の外に出ず、外界を恐れながら生きる羊の群れのような人間が増えた時代。現代はいわば「化け物のいなくなった時代」だ。たしかこんな話でした。「戦争の後は、いい文学が生まれるものだ」とも話しました。

たしかに戦争に敗れて七十年以上が過ぎ、化け物のいない時代になったのかもしれません。それでも格差は広がり貧困は深刻化し、いじめや差別、排除は珍しくありません。さらに地震や津波、台風による風水害など巨大災害も起こる。感染症も流行する。つまり、依然として人間の死や貧困などのテーマは我々現代人が直面する極めて切実な問題であり続けています。そしてたしかにそうした時代を生きる人間を描く本は現れてはいる。矛盾や不正を告発するノンフィクションも出ている。しかし戦争が終わった時代に現れた第三の新人のような文学の書き手たちはどこにいるのか。

長田　ええ。私はそんなふうに今の時代の風潮をとらえています。そこで、戦争がはるか遠くになった状況の中で、「本の可能性」をどう考えたらよいのか。寺子屋の講義要項も、歴史小説、時代小説などに、より重点を置いた内容にしていかなくてはならないかと思うのです。

高橋　そうなると、長田さんが考えておられる本、つまり純文学系の本が絶滅危惧種になりつつあるという状況では、寺子屋が掲げる「本の可能性」は、古典に回帰し、古典の中に探ることが多くならざるを得ないのでしょうか。

長田　ええ。それしかないのじゃないか、という気がします。

そもそも、人は本とどう出合うのか。私が編集者になったとき、まだ駆け出し時代でしたが、編集長に同行して二世代ほど上の戦後派作家たちのところへお邪魔し、その謦咳に接した体験が、「ああ、おれは文芸編集者としてなんとかやっていけるかもしれない」と思う契機になりました。彼らはみな、戦争を経験した人たちでした。その人たちの言葉、声を聞いた。そして彼らより少し若い学徒動員の世代、多くは旧制高校の教養主義の影響下で十代を過ごした人たちですが、あの方たちとの交流が、編集者としての仕事の内容や役割を自覚する骨格をかたちづくったのだと思うのです。

そのうえでここ数年、私と同世代、あるいは若い作家たちの作品にも触れ、読んできましたが、人物を描くその掘り下げ方に、深みといったものがどうしても欠けるといわざるを得ない。また書き手ばかりでなく、昨今の出版人、ことに編集者を職業として選んだ者についても、本を読むこと、本に触れることは仕事である、ということの自覚があまりにも不足しているのではないでしょうか。

だとすれば、古典に回帰するしかない。昔読んだユゴーやゾラ、ゲーテ、トーマス・マン、ドストエフスキーやトルストイ、チェーホフ……。そこから、例えば日本の自然主義文学の作家たちは彼らから影響を受けてきたわけだから、そこへ戻るしかないのではないか。そういうふうに、寺子屋のラインナップをデザインする。

本の寺子屋の受講生に、人間を浮き彫りにした作品群の豊かさ、深さを読み、感じてほしい。その一助になりたいと考えています。

高橋　島崎藤村は塩尻にも縁のある木曽路を舞台にした『夜明け前』を書きました。以前、旧中山道沿いにある藤村の記念館（岐阜県中津川市馬籠）を訪ねた際、藤村の蔵書が展示してあり、そこの書棚にフランス語の文学書がたくさんあるのを見ました。作家はフランス語でフランス文学、ロシア文学などの古典を読んでいたようです。詩集『若菜集』や小説『破戒』などを発表しすでに著名な作家となった後、四十歳を過ぎて渡仏しほぼ三年後に帰国した。ではその後発表した『夜明け前』に、外国文学はどう影響したか。こんなテーマもこれからの寺子屋にふさわしいかもしれませんね。

長田　そして、塩尻とのつながりということでいえば、筑摩書房を創設した古田晁さん。寺子屋ではこれまでにも取り上げていますが、古田晁の仕事については、まだ十分に認知されているとはいえない。このテーマを「若者」につなげ、彼らに古田の伝記を書いてもらうセミナーのような企画もぜひ実現したいと考えています。

高橋　話を聞くだけでなく、自ら調べ、読み、書く寺子屋というのは、それこそ本来の寺子屋の姿だと思います。

それはまた、受講生自らが、これまで受け身の姿勢が目立っていたことの反省の上に立ち、これからは寺子屋の取り組みに主体的に参加することを意味することになります。市民が単なる受講者にとどまらず、寺子屋を舞台にして地域の文化の作り手、発信者になる。

「本の寺子屋」はそうした自発的な学びのプラットフォームになることを目指すべきでしょう。

長田　ええ。地域文化の担い手ということでいえば、古田の伝記執筆は、ぜひ実現したい。若い人に書いてもらうという仕掛けは有効だと思います。彼らの関心のあるアニメーションや映画に着目する。そしてシナリオのコンクールを企画するのもいい。

高橋　お断りしておかなければならないのは、「本の可能性を考える」べき寺子屋が、若者を引き寄せる方策を考えるときに映画やアニメーションなど映像の魅力に頼らざるを得ないというのは、いささか鼻白む思いがするのです。とはいえ、このメディアが多様化した時代にあって、知的生活を営む糧として本の占める位置が、特に若い世代の間で相対的に低下していることは率直に認めざるを得ません。もちろん、本好きな若者はいます。しかしそういう若者は、本の寺子屋の活動の如何にかかわらず本を読み続けるでしょう。そうではなく、読書がもたらす世界の豊かさ、素晴らしさをまだ知らない多くの若者をこちら側に引き寄せるため、寺子屋にどんな手が打てるのか。そう考えたとき、映像の力を借りるのは有効ではないか。

それで思い出しました。先ほどの古典の再発見とも関連するのですが、実は新聞記者としてモスクワで働いていたときのことです。ロシアの人々は日本の文化に関心が深く、黒澤明監督の映画もしばしば上映されていました。私はそれまであまり関心がなかったのですが、『赤ひげ』を見ていたら、高校時代以来しばしば読み返していた『虐げられた人び

塩尻市市民交流センター（えんぱーく）外観

と』に出てくる薄幸な少女ネリーとほぼ同じ境遇の、おとよという少女が登場したので本当に驚きました。『赤ひげ』の原作は山本周五郎の小説『赤ひげ診療譚』（文藝春秋社）です。映画を鑑賞した後で読んでみましたが、原作には映画で描かれたほどそっくりな人物の描写は出てこない。どうも黒沢監督は自分の映画にネリーのエピソードを挿入したらしい。『赤ひげ』を鑑賞した私の周囲のロシア人たちは、あれがネリーだということにすぐ気づいていました。彼らの黒沢びいきの理由は、実はこんなところにもあるのだなと感心しました。

言いたいのは、古典はただ古臭いだけなのではない、思いもよらないところで顔を見せ、現代に息を吹き返すことがあるのだということです。そして人を感動させる物語のエッセンスは本にも映画にも共通する部分があるのであって、お互いがお互いを豊かにするのだということです。映画やアニメーションに魅力を感じる感受性は、必ずや読書習慣の確立にもつながるのではないでしょうか。

長田　ええ。現在の文学事情について悲観的な見方をしましたけれど、できることはまだあります。若者、古典、映画・アニメーションのシナリオへの展開。これらはこれからの寺子屋を考える重要なキーワードではないでしょうか。地元出身の映画監督もいらっしゃるので、審査員になり、講評してくれれば素晴らしいと思います。

若者がアニメーションのシナリオのアイデアを考え、図書館で物語をつくるための勉強を重ね、資料を駆使して歴史や文化を調べ、例えば最初は高校の文化祭の舞台で発表する。そして将来は、塩尻を舞台にした映画、アニメーションになる。

高橋　物語はゼロからは生まれない。書き手に向かって霊感が空から降りてくる瞬間は必ずあり、そこには過去から伝わる言葉がある。その言葉を運ぶ媒体は本でしょう。

長田　本の可能性とは、まさにそういうことではないでしょうか。本を読み、調べ、考え、意見を交換し、書く。そうした若者たち、また寺子屋の受講者たちの創意と努力を作品としてプロデュースする機能を寺子屋が備えること。それは本の寺子屋がこれから追求すべき目標としてふさわしいと思います。

付録——開講記録

開講記録

「本の寺子屋」の8年8カ月間の受講生は、▼2012（平成24）年度（8カ月間）1,096人▼2013（平成25）年度1,055人▼2014（平成26）年度880人▼2015（平成27）年度2,417人（「子ども本の寺子屋」含め、以下同）▼2016（平成28）年度1,261人▼2017（平成29）年度1,986人▼2018(平成30）年度1,527人▼2019（令和元）年度1,935人▼2020（令和2）年度1,152人。延べ人数で計約13,300人が「本の寺子屋」で開講された約170回の講演会、対談、講座、朗読会、コンサートにやってきた。その歩みは以下の通り（肩書きは講演実施時点のもの。受講者数は図書館調査）。

■2012（平成24）年度（実質8カ月間で参加者のべ1,096人）

◆科目

日程	種別	講師	講座名	受講人数
7月29日（開講）	講演会	佐高信（評論家）	「本が変える風景」	137人
8月7日	講座（長野県図書館協会主催）	遊佐幸枝（東京純心女子中学校・高等学校専任司書教諭）ほか	「司書教諭と学校司書の協働」	18人
8月25日	ワークショップ	さいとうしのぶ（絵本作家）	「自分の名前で絵本をつくろう」	98人
同上	講演会	同上	「さいとうしのぶの絵本ワールド」	93人
8月27日	講座	中山玲子（日野市立図書館障害者サービス担当）	「できることから始めよう図書館の障害者サービス」	82人

9月24日	講演会	根本彰（東京大学大学院教育学研究科教授）	「『理想の図書館像』を考える」	88人
10月28日	講演会	色川大吉（歴史家、東京経済大学名誉教授）	「自費出版の本について」	58人
10月29日	講座	小林隆志（鳥取県立図書館支援協力課長）	「図書館からのビジネス支援」	35人
10月30日	同上	同上	「住民に必要と認知される図書館になるために」	42人
11月10日	講演会（第16回古田晁記念館文学サロン）	藤原成一（元筑摩書房取締役・元日本大学教授）	「古田さんから学ぶこと～古田さんから受けた様々な『教え』について～」	43人
12月2日	講座	日経テレコン21・第一法規法情報総合データベース、ジャパンナレッジ	データベース活用講座	40人
1月27日	朗読会	谷川俊太郎（詩人）		161人
2月15日	講座（読み聞かせ講座）	大井むつみ（日本こどもの本研究会）	「よみきかせ　いろはのい」（初級編）	30人
2月16日	同上	同上	「よみきかせ　いろはのろ」（中級編）	28人
3月9日	講演会	秋本敏（日本図書館協会研修事業委員会委員長・元ふじみ野市立図書館長）	「心の復興を支える図書館～被災地を訪ねて～」	60人

◆企画展等

開催日程	企画	参加者数
7月24日～8月26日	山中桃子原画展	
8月10日	山中桃子さんトークショー・サイン会	23人
9月30日	書評合戦ビブリオバトル「もっとも読みたいと思われた本はどれだ！」	39人
10月30日～11月25日	「石井鶴三宛書簡展」（共催・信州大学附属図書館）	
11月27日～1月27日	「『手塚治虫を装丁する』展」（共催・日本図書設計家協会）	
12月20日～1月27日	谷川俊太郎「ポエメール」展	
1月19日	「オリジナルブックカバーを作ってみよう！」（協力・日本図書設計家協会）	21人

■2013（平成25）年度（参加者のべ1,055人）

◆科目

日程	種別	講師	講座名	受講者数
5月26日	講演会	松本健一（評論家、麗澤大学教授）	「佐久間象山、島崎藤村、丸山眞男―または信州と海」	68人
6月17日	講演会	森一郎（信州大学附属図書館副館長）	「著作権法からみた図書館サービス」	75人
7月28日	短歌絶叫コンサート	福島泰樹（歌人）	「美しく死んでいくために」	60人
8月11日	講演会	いせひでこ（画家、絵本作家）	「わたしの木、こころの木」	124人
8月26日	講演会	齊藤誠一（千葉経済大学短期大学部教授）	「地域活性化に向けた図書館サービスの手法―サービスを見せていく図書館員の役割について―」	68人
9月29日	対談	常世田良（立命館大学文学部教授） 柴野京子（上智大学文学部助教）	「『本』の可能性を考える」	53人

10月27日	講演会（第17回古田晁記念館文学サロン）	熊沢敏之（筑摩書房代表取締役社長）	「古田晁の精神」	35人
10月28日	講演会	広瀬恒子（親子読書地域文庫全国連絡会代表）	「子どもと本を結ぶ架け橋として」	86人
11月10日	講演会	柳田邦男（ノンフィクション作家）	「生きることと言葉の力」	127人
11月25日	講演会	竹内利明（電気通信大学特任教授）	「市民と図書館の協働による地域（経済）活性化―公共図書館のビジネス支援サービスを中心として―」	56人
12月1日	講座	第一法規法情報総合データベース、ジャパンナレッジ	データベース活用講座	11人
1月27日	講座	キハラ	「本の修理講習会～今ある資料を大切に～」	28人
2月23日	講演会	池内紀（ドイツ文学者、エッセイスト）	「本が友だち」	73人
3月9日	講演会	杉山亮（児童文学作家）	「ものがたりライブ」	72人
同上	同上	同上	「こどもと物語のいい関係」	79人

◆企画展等

開催日程	企画	参加者数
7月23日～8月25日	いせひでこ原画展（協力・絵本美術館　森のおうち）「ルリユールおじさん」	
7月23日～8月25日	装丁企画展「活字と書籍―グーテンベルクと記憶の革命―」	
11月4日	書評合戦ビブリオバトル「もっとも読みたいと思われた本はどれだ！」	40人
11月26日～12月28日	装画の力展「太宰・清張を描く」（共催・日本図書設計家協会）	
1月4日～1月26日	和本企画展「ちりめん本の世界―海外で読まれた日本の昔ばなし―」	

■2014（平成26）年度（参加者のべ880人）

◆科目

日程	種別	講師	講座名	受講者数
5月25日	対談	島田雅彦（作家、大学教授） 高橋源一郎（作家、大学教授）	「小説の行方」	139人
6月22日	講演会	くすのきしげのり（絵本作家）	「一人一人がみんなたいせつ～絵本に託す願い～」	96人
7月20日	対談	松井祐輔（人と本屋の雑誌「HAB」発行人／本屋「小屋BOOKS」店主） 西田卓司（書店「ツルハシブックス」店主）	「本とまちづくり～本のある環境の作り方～」	35人
8月2日	講演会	酒井潤一（信州大学名誉教授）	「ナウマンゾウが図書館にやってくる」	28人
同上	ワークショップ	同上	「化石のレプリカ作り／鉱物観察／泥炭層から化石」	44人
8月5日	講座	五十嵐絹子（学校図書館アドバイザー）	「学校図書館が変われば子どもが変わる、教育が変わるⅠ～豊かな心と確かな学力を育む～」	67人
同上	同上	同上	「学校図書館が変われば子どもが変わる、教育が変わるⅡ～図書館を「学びの宝庫」に～」	36人
8月24日	講演会	井出孫六（作家）	「石橋湛山全集を読む」	64人
9月28日	講演会	嶋田学（瀬戸内市教育委員会新図書館開設準備室長）	「地域が元気になる図書館づくり～住民参加による地域活性化の取り組みから～」	36人
10月5日	講演会（第18回古田晁記念館文学サロン）	塩澤実信（出版ジャーナリスト）	「古田晁の精神」	55人
10月19日	講演会	姜尚中（聖学院大学学長）	「読書が深める心」	158人

11月16日	対談	小嵐九八郎（作家・歌人） 齋藤愼爾（深夜叢書社主宰・俳人）	「短歌と俳句の行方」	33人
1月31日	講演会	宮田政幸（有限会社メディアゴーゴー代表取締役編集長）	「ミニコミ誌発行の理想と現実～月刊イクジィの出版を通して見えるもの～」	33人
2月15日	講演会	小林毅（弁護士）	「ニュースがわかる！～くらしの法律と法情報調査～」	23人
同上	講座	第一法規法情報総合データベース、ジャパンナレッジ	データベース活用講座	
3月8日	朗読会	酒井倫子（絵本美術館森のおっち館長）	「雨ニモマケズ」朗読会と森のおうちおはなしの会による朗読劇	33人

◆企画展等

日程	企画
7月15日～8月17日	企画展・ナウマンゾウが図書館にやってくる
11月18日～12月25日	今村幸治郎絵画展「もうすぐクリスマス」
1月4日～1月25日	企画展・堀口大学にみる装丁・挿絵展」
2月24日～3月30日	原画展「雨ニモマケズ」

■2015（平成27）年度（参加者のべ936人）

◆科目

日程	種別	講師	講座名	受講者数
4月27日	図書館司書講座①	赤木かん子（児童文学評論家）	「図書館とは何か？定義と基礎知識」	72人
5月11日	同②	同上	「分類とは何か？　分類の基礎と自然科学の棚作り」	87人
6月8日	同③	同上	「目次と索引、報告書の書き方、百科事典ワーク」	72人
6月21日	対談	鎌田慧（ノンフィクション作家） 吉岡忍（同）	「ノンフィクションの行方」	68人

7月5日	講演会	上野千鶴子 （社会学者）	「活字中毒、書物の未来」	146人
8月2日	講演会	大下英治 （ノンフィクション作家）	「本は何よりSexy」	54人
8月4日	講座	藤田利江 （大和市教育委員会教育部指導室　学校図書館スーパーバイザー）	「学校図書館を活用した調べる学習～基本のスキル～」	47人
9月13日	講演会	大西暢夫（写真家）	「食べることは生きること～命を見つめる命を繋ぐ～」	54人
9月28日	講演会	渡部幹雄 （和歌山大学特任教授・附属図書館長）	「図書館でこんなこともできる！　市民とつくるこれからの図書館」	61人
10月4日	講演会（第19回古田晁記念館文学サロン）	永江朗 （作家）	「筑摩書房の歴史と古田晁」	78人
11月8日	対談	小池昌代 （詩人、小説家） 正津勉（詩人）	「現代詩の行方」	40人
12月6日	講演会	星野渉 （文化通信社取締役編集長）	「本の世界で起きている大きな変化と図書館と書店にできること」	40人
3月6日	講演会	くすのきしげのり （絵本作家）	「こどもの心に気づくとき～作者が語る絵本の世界～」	117人

◆企画展等

日程	企画
9月1日～9月27日	展示・カヴァーノチカラ（協力・日本図書設計家協会）
9月13日～9月27日	大西暢夫（写真家）「ぶた　にく」絵本写真展
12月1日～12月28日	展示・本の学校「出版の歴史展～出版の夜明け～」
1月4日～1月31日	展示・會津八一没後60年展
3月1日～3月29日	原画展・まるやまあやこ絵本原画展

■信州しおじり　子ども本の寺子屋　2015（平成27）年度（のべ1,481人）

◆科目

日程	種別	講師	講座名	受講者数
6月6日（開校）	ワークショップ	武田美穂（絵本作家）	「武田美穂さんときらきらタワーをつくっちゃおう」	126人
7月18日	講座	鈴木まもる（絵本作家、鳥の巣研究家）	「絵本と鳥の巣の不思議～鳥の巣が教えてくれること～」	75人
8月6日	ほおずき書籍見学会		「本ができるまで見学バスツアー」	22人
1月31日	ワークショップ	美篶堂	「メモブロックで本を作ろう」	18人
6月21日～3月13日（全6回）	読書会		「しおじりっこブッククラブ」	53人

◆企画展等

日程	企画	参加者数
7月18日～8月1日	展示会・鈴木まもる（絵本作家、鳥の巣研究家）「世界の鳥の巣と絵本原画展」	1187人

■2016（平成28）年度（参加者のべ775人）

◆科目

日程	種別	講師	講座名	受講者数
5月15日	講演会	高橋龍介（信州しおじり 本の寺子屋研究会幹事）	「「本の寺子屋」の本づくり」	41人
5月21日	講演会	水原紫苑（歌人）	「子どもの頃読んだ本ー源氏物語と罪と罰ー」	43人
6月19日	講演会	山口泉（小説家・評論家）	「ポスト・フクシマと「沖縄革命」ー新著『辺野古の弁証法』を基軸にー」	42人

7月31日	講演会	植田康夫（評論家・上智大学名誉教授・株式会社週刊読書人代表取締役社長）	「「出版の冒険者たち」への賛歌」	30人
8月5日	講座	中山美由紀（東京学芸大学附属小金井小学校司書）	「授業で使おう　学校図書館！」	66人
8月6日	講演会	中沢けい（小説家・法政大学文学部教授）	「私の図書館体験」	36人
8月21日	講演会	窪島誠一郎（評論家・無言館・信濃デッサン館館主）	「「書物浴」のススメ―本のそばにいる幸せ―」	106人
9月11日	講演会	川鍋雅則（福音館書店編集者）	「かがく絵本ができるまで」	52人
9月25日	講演会	三島利徳（元信濃毎日新聞社論説委員）	「本の魅力－書評の功罪－」	39人
10月16日	講演会（第20回古田晁記念館文学サロン）	柏原成光（元筑摩書房代表取締役社長）	「古田さんの三つの不思議」	53人
10月23日	講演会	村上しいこ（絵本作家）	「言葉のリズムに想いをのせて」	50人
11月13日	講演会	間村俊一（装丁家・俳人）	「装幀の種」	40人
12月4日	講演会	荒川洋治（現代詩作家）	「これからの読書のすがた」	63人
1月30日	講座	豊田高広（愛知県田原市図書館長）	「選書でひらく図書館の未来」	114人

◆展示等

日程	企画
6月2日～6月26日	原画展・江口みつおき（絵本作家）「チーコのくれた宝物」絵本原画展
7月26日～8月28日	展示・様々な本のつくり方（協力・有限会社美篶堂）
11月1日～11月27日	装幀展・間村俊一（装丁家・俳人）「彼方の本」
11月29日～12月27日	展示・近代文学作家の原稿展（協力・NPO法人本の学校）

1月5日～1月29日	展示・外国人から見た幕末・明治期の日本文化展（協力・山村光久（松本市山村医院院長））

■信州しおじり　子ども本の寺子屋　2016（平成28）年度（のべ486人）

◆科目

日程	種別	講師	講座名	受講者数
5月28日	ワークショップ	平田昌広・平田景（絵本作家）	「ことばあそびワークショップ」	23人
5月28日	ライブ	平田昌広・平田景（絵本作家）	「メオトよみ絵本ライブ」	46人
6月12日	トーク会	小嶋陽太郎（作家）	「小嶋陽太郎トーク会」	7人
8月4日	藤原印刷見学会		「本ができるまで見学バスツアー」	14人
11月3日	ワークショップ	藤原印刷株式会社	「本の帯をつくってみよう！」	12人
6月5日～12月23日（全12回）	子ども司書養成講座		「目指せ！図書館マスター」	384人

◆展示等

日程	企画
5月12日～5月29日	原画展・平田昌広・平田景（絵本作家）『おかんとおとん』絵本原画展

■2017（平成29）年度（参加者のべ1,337人）

◆科目

日程	種別	講師	講座名	受講者数
5月14日	講演会	高峰武（熊本日日新聞論説主幹）	「"小さなこと"に耳を傾けたか」	55人
6月18日	講演会	河谷史夫（元朝日新聞論説委員）	「本と酒があれば人生何とかやっていける」	61人
6月26日	図書館司書講座	内野安彦（ラジオパーソナリティ）	「今、あらためて図書館を考える」	87人

7月16日	講演会	斎藤美奈子 （文芸評論家）	「もう一度「文学」と出会うために」	92人
7月23日	講演会 （地域文化サロン）	田中欣一 （日本思想史家）	「塩尻が生んだ不世出の詩人　島崎光正の世界」	104人
8月6日	講演会	長野まゆみ （小説家・画家）	「作家生活30年を振り返って」	80人
8月19日	講演会 （地域文化サロン）	小林浩 （有限会社月曜社　取締役）	「出版人・中野幹隆と哲学書房の魅力」	83人
9月10日	講演会	佐野眞一 （ノンフィクション作家）	「唐牛健太郎の魅力－『唐牛伝』執筆の動機－」	67人
10月1日	講演会	橋口侯之介 （誠心堂書店（東京・神保町）店主）	「江戸の本屋と本づくり」	63人
10月8日	講演会	とよたかずひこ （絵本作家）	「行きつ戻りつ絵本創り」	65人
10月22日	講演会 （第21回古田晁記念館文学サロン）	持田鋼一郎 （歌人・作家・翻訳家）	「古田晁に愛された人々」	53人
10月29日	講座	小幡章子 （皇學館大学　教育学部教育学科　助教）	「子どもが育つ読書支援を目指して～小学生への本の手渡し方を考える～」	62人
11月3日	講演会	酒井京子 （株式会社童心社 代表取締役会長）	「赤ちゃんに笑顔を届ける絵本「いないいないばあ」50年の歩み」	76人
11月26日	講演会	原田眞人 （映画監督・脚本家）	「司馬遼太郎『関ケ原』の映画化が夢だった」	117人
12月3日	講演会（地域文化サロン）	田下昌志（日本鱗翅学会評議員） 丸山潔（松本むしの会代表幹事）	「信州の昆虫食が世界を救う」	50人
3月18日	上映会	大西暢夫（写真家）	映画『家族の軌跡～3・11の記憶から～』上映会	124人

◆展示等

日程	企画	
4月22日～5月21日	展示・植物の肖像画 山田恭子（植物画家）のボタニカルアート展	
5月7日	山田恭子（植物画家）ギャラリートーク	44人
7月25日～8月27日	展示・島崎光正 回顧展（協力・田中欣一（日本思想史家））	
10月20日～11月14日	展示・絵本「いないいないばあ」誕生50周年記念展（協力・株式会社童心社）	
12月7日～1月28日	原画展・江口みつおき（絵本作家）「ふしぎな国のおともだち」絵本原画展（協力・江口みつおき）	
2月27日～3月25日	原画展・藤岡牧夫（絵本作家）「森のくまさん」絵本原画展	
3月4日	藤岡牧夫（絵本作家）ギャラリートーク＆ミニコンサート	54人
3月2日～3月31日	展示・大西暢夫（写真家）「家族の軌跡～3・11の記憶から」写真展	

■信州しおじり　子ども本の寺子屋　2017（平成29）年度（参加者のべ649人）

◆科目

日程	種別	講師	講座名	受講者数
7月2日	美篶堂見学会	(有)美篶堂 伊那製本所	「本ができるまでバスツアー」	21人
8月5日	コンサート	絵本専門士・松本美幸、鎌倉美枝	「絵本専門士とゆかいな仲間たちおはなしファミリーコンサート」	209人
11月3日	ワークショップ	藤原印刷株式会社	「POPづくり講座」	9人
3月4日	ワークショップ	tupera tupera（絵本作家）	「春　なりきりお面を作ろう！」	127人
6月25日～12月17日（全11回）	子ども司書養成講座		「目指せ！図書館マスター」	283人

■2018（平成30）年度（参加者のべ1,153人）

◆科目

日程	種別	講師	講座名	受講者数
5月20日	鼎談	高橋伴明（映画監督） 横松美千繪（故・立松和平 夫人） 長田洋一	「作家の魅力・映画の魅力」	62人

6月10日	講演会	久間十義（作家）	「小説と私」	38人
6月24日	講演会	大空真弓（女優）	「なつかしい時間」	86人
7月8日	講演会	佐藤直子（東京新聞論説委員）	「戦争体験を語り継ぐこと、受け継ぐこと」	49人
7月30日	講演会	丸山光枝（調べ学習研究会「調之森」代表）	「役に立つ学校図書館をつくる～調べ学習ワークショップ～」	50人
7月31日	講演会	田揚江里（東京学芸大学非常勤講師、狛江市立緑野小学校学校図書館アドバイザー）	「学校図書館を活かした学びの在り方～学校を巻き込む司書教諭と学校司書の協働～」	61人
8月5日	講演会	澤宮優（ノンフィクション作家）	「ノンフィクション作家残酷物語」	50人
9月2日	講演会	小寺卓矢（写真絵本作家）	「撮ること・綴ること・伝えること」	44人
9月9日	講演会	井出彰（作家・元図書新聞代表）	「本を伝える。本で伝える。」	28人
9月25日	図書館司書講座	高橋佑磨（オフィス伝わる・千葉大学理学部助教）	「図書館員のための"伝わる"チラシづくり実践」	129人
10月14日	講演会	金原瑞人（翻訳家・法政大学社会学部教授）	「翻訳の言葉、言葉の翻訳」	92人
10月21日	講演会（第22回古田晁記念館文学サロン）	【第１部】サクラ・ヒロ（作家）	「太宰治賞を受賞して～デビューまでの道のりと、文学への想い～」	35人
		【第２部】山本克俊（元筑摩書房編集者）	「忘れ得ぬ人々－筑摩書房と私」	
10月28日	講座（地域文化サロン）	石井もと子（ワインコーディネーター・ジャーナリスト）	「世界からみた塩尻ワイン」	78人
11月11日	講演会（地域文化サロン）	窪田雅之（元松本市立博物館館長・長野県民俗の会 会員）	「民話で見える塩尻の風景」	61人
11月25日	講演会	中澤雄大（毎日新聞記者）	「新聞記者の読書」	50人
3月10日	講演会	古厩智之（映画監督）	「原作と向き合う」	85人

◆展示等

日程	企画	
7月10日～7月29日	展示・鶴と亀写真展～田舎のリアルなかっこよさ～（協力・小林直博（フリーペーパー『鶴と亀』）	
7月14日	小林直博ギャラリートーク	41人
7月30日～8月26日	展示・雑誌「暮しの手帖」創刊70周年特別企画　戦中・戦後の暮しの記録（協力・株式会社 暮しの手帖社）	
11月22日～12月27日	展示・雑誌「ナショナルジオグラフィック」創刊130周年特別企画　ナショナルジオグラフィックの世界（協力・日経ナショナルジオグラフィック）	
12月2日	ギャラリートーク	84人
1月5日～1月27日	展示・紙しばいの世界展（協力・童心社）	
2月26日～4月2日	展示・武井武雄展～ラムラム王が峠を越えてやってくる～（協力・イルフ童画館）	
3月23日	ギャラリートーク	30人

■信州しおじり　子ども本の寺子屋　2018（平成30）年度（参加者のべ374人）

◆科目

日程	種別	講師	講座名	受講者数
7月29日	美篶堂見学会	(有)美篶堂 伊那製本所	「本ができるまでバスツアー」	17人
8月4日	コンサート	坂野知恵（わらべうたうたい）	「わらべうたファミリーコンサート」	116人
9月2日	ワークショップ	小寺卓矢（写真絵本作家）	「写真絵本づくりワークショップ」	41人
11月3日	講座		「POPづくり講座「親子で作ろう！！POP」」	8人
7月8日～11月18日（全10回）	子ども司書養成講座		「目指せ！図書館マスター」	192人

■2019（令和元）年度（参加者のべ1,480人）

日程	種別	講師	講座名	受講者数
5月19日	講演会	三田誠広（作家・武蔵野大学名誉教授）	「本を読むこと/本を書くこと」	69人

6月16日	講演会	冨士眞奈美（女優・俳人）	「俳句の魅力～吟行の旅～」	126人
7月7日	講演会	外岡秀俊（作家・元朝日新聞記者）	「記者と作家のあいだで～フィクションとノンフィクション～」	53人
7月22日	図書館司書講座	島田英昭（信州大学教育学部教授）	「わかりやすい説明とは？～認知心理学から考える～」	89人
8月5日	講演会	清水眞砂子（翻訳家・児童文学評論家・青山学院女子短期大学名誉教授）	「心うたれたその先は～読書の現在を考える～」	145人
9月1日	講演会	降矢なな（絵本作家）	「不安な時代だからこそ絵本を」	147人
9月8日	講演会（えんてらす開催）	鎌田實（医師・作家）	「地域で命を支える～命・健康・本・絆を考える～」	151人
9月29日	講演会	藤沢周（作家・法政大学教授）	「文学なんて、知らなかった。」	41人
10月19日	講演会（地域文化サロン、えんてらす開催）	和田登（児童文学作家）	「今、"はまみつを"を読み解く～童話作家が残した現代へのメッセージ～」	102人
10月27日	講演会	角野栄子（児童文学作家）	「魔法はひとつ」	141人
11月10日	対談（第23回古田晁記念館文学サロン）	錦見映理子（二〇一八太宰治賞受賞作家） 東直子（歌人）	「対談・小説と短歌」	52人
11月17日	講演会	鵜飼哲夫（読売新聞編集委員）	「新聞書評と読書」	34人
11月24日	講演会（えんてらす開催）	穂村弘（歌人）	「言葉の不思議」	154人

◆展示等

日程	企画
6月27日～7月30日	展示・装丁の世界（協力・有限会社美篶堂）
8月29日～9月29日	展示・市制施行60周年特別企画「写真で見る塩尻の風景」

9月19日～10月22日	展示・櫻井寛（鉄道写真家）「ザ・カナディアン」鉄道写真展	
1月19日	櫻井寛（鉄道写真家）ギャラリートーク	55人
11月26日～12月24日	展示・香川元太郎（イラストレーター）「日本の城」復元イラスト展	
12月1日	香川元太郎ギャラリートーク	56人
1月28日～2月23日	展示・薮内正幸「Bird Artworks」原画展（協力・薮内正幸美術館）	
2月16日	薮内竜太ギャラリートーク	65人

■信州しおじり　子ども本の寺子屋　2019（令和元）年度（参加者のべ455人）

◆科目

日程	種別	講師	講座名	受講者数
7月6日	ワークショップ	さいとうしのぶ（絵本作家）	「自分の名前で絵本をつくろう！」	42人
7月7日（えんてらす開催）	おはなし会	同上	「うたっておどって！？たのしい絵本」	147人
7月20日	藤原印刷見学会		「本の印刷見学ツアー」	26人
11月3日	人形劇	荒木文子（紙芝居作家）	「コロン団人形劇ファミリーコンサート」	99人
11月3日	ワークショップ	協力・株式会社好学社	「絵本のカバーでエコバッグを作ろう」	72人
7月21日～12月22日（全10回）	子ども司書養成講座		「目指せ！図書館マスター」	69人

■2020（令和2）年度（参加者のべ718人）

◆科目

日程	種別	講師	講座名	受講者数
7月19日	講演会	後藤正治（ノンフィクション作家）	「言葉の力－『清冽』（中公文庫）より～詩人茨木のり子の肖像～」	71人
8月6日	講座	鎌田和宏（帝京大学教育学部教授）	「これからの教育と読書・学校図書館～新学習指導要領本格実施元年で考えたいこと～」	78人
8月24日	図書館司書講座	伊東直登（松本大学図書館長）	「これからの図書館を一緒に考えてみませんか」	91人

8月30日	講演会	中上紀（小説家）	「読むこと、書くこと、旅すること」	49人
9月6日	対談（地域文化サロン）	しどせんしゅう（ノンフィクション作家兼イラストエッセイスト） 髙山秀士（元塩尻志学館高校職員　ブドウ栽培・ワイン醸造担当）	「対談：日本の中の塩尻ワイン」	62人
10月4日	講演会	岩瀬成子（児童文学作家）	「ずっと子どもを書いてきました」	53人
10月25日	講演会	春日太一（映画史・時代劇研究家）	「信州を舞台にした時代劇の魅力」	60人
11月8日	講演会（筑摩書房創業80周年記念・第24回古田晁記念館文学サロン）	【第１部】 阿佐元明（二〇一九太宰治賞受賞作家）	「この町から本が生まれる」	120人
		【第２部】 松本侑子（作家・翻訳家）	「古田晁が敬愛した太宰治と「人間失格」」	
11月15日	講演会（えんてらす開催）	富澤一誠（音楽評論家・尚美学園大学副学長）	「黄金のフォーク・ブーム到来～岡林信康から吉田拓郎へ～」	64人
11月22日	講演会	丸山貢一（信濃毎日新聞論説主幹）	「コラム〈斜面〉の舞台裏」	70人

◆展示等

日程	企画
6月12日～6月30日	展示・えんぱーく10周年記念展
8月1日～8月31日	展示・絵本『おしいれのぼうけん』複製画展（協力・童心社）
10月4日～10月20日	展示・紙のさわりごこち めくりごこち展（協力・藤原印刷株式会社）
11月1日～11月30日	展示・『ねずみくんのチョッキ』45周年記念展（協力・ポプラ社）
12月1日～12月28日	原画展・『ざしき童子のはなし』『よだかの星』いせひでこ絵本原画展（協力・絵本美術館　森のおうち）

1月28日～2月23日	原画展・『本と、絵のある暮らし』柊有花原画展（協力・柊有花）

■信州しおじり　子ども本の寺子屋　2020（令和2）年度（参加者のベ434人）

◆科目

日程	種別	講師	講座名	受講者数
11月3日	ライブ	杉山亮（ストーリーテラー）	「杉山亮のものがたりライブ2020」	144人
12月20日	絵本&コンサート	坂野知恵（わらべうたうたい） みなみじゅんこ（絵本作家）	「絵本＆わらべうたファミリーコンサート」	81人
7月12日～10月3日（全6回）	子ども司書養成講座		「目指せ！図書館マスター」	209人

■2021（令和3）年度予定

◆科目

日程	種別	講師	講座名
7月18日	講演会	佐高信（評論家）	「タブーに挑む本」
7月25日	講演会	森まゆみ（ノンフィクション作家）	「地域雑誌26年で考えたこと。」
7月26日	図書館司書講座	手塚美希（紫波町立図書館主任司書）	「地域と人に寄り添う図書館」
8月3日	講演会	小谷田照代（元静岡県沼津市立静浦小中一貫校　教諭）	「学校図書館の充実と活用」
8月21日	講演会（塩尻市立図書館開館50周年記念）	養老孟司（東京大学名誉教授）	「これだけは言っておきたかった」
8月29日	講演会（信州しおじり本の寺子屋10周年記念）	小泉今日子（歌手・俳優・プロデューサー）	「本と本屋とわたし」
9月5日	講演会	上野千鶴子（社会学者）	「女の子はどう生きるか　ついでに男の子もどう生きるか」

9月12日	講演会	いしかわこうじ（絵本作家）	「子どもと絵本　本好きの子どもをそだてるには」
9月19日	講演会（えんてらす開催）	内藤いづみ（医師）	「あなたらしく生きぬくために準備すること～いづみ先生の令和養生訓～」
9月26日	講演会（地域文化サロン）	堀井正子（ラジオパーソナリティ）	「芥川龍之介と洗馬　―小説「庭」と井月と芭蕉―」
10月17日	講演会（えんてらす開催）	鳴沢真也（天文学者）	「地球外知的生命探査から学ぶ人類の未来」
10月24日	講演会	高橋純子（朝日新聞論説委員）	「〈政治〉を言葉で揉みほぐす」
10月31日	講演会（第25回古田晁記念館文学サロン）	【第１部】八木詠美（二〇二〇太宰治賞受賞者・小説家）	「物語が生まれるとき」
		【第２部】玉手洋一（「太宰が住んだ大宮」HP管理人）	「太宰が住んだ大宮、そして死～そこにいつも古田晁～」
3月20日	講演会	富安陽子（児童文学作家）	「妖怪とのつき合い方教えます」

◆展示等

日程	企画
4月8日～5月10日	展示・大人が楽しむ本とアウトドア（協力・株式会社エイアンドエフ）
6月10日～7月5日	展示・塩尻市立図書館開館、市民タイムス創業50周年記念展（協力・市民タイムス）
7月9日～8月1日	原画展・『変身みーちゃんとおともだち』江口みつおき絵本原画展（協力・江口みつおき）
8月5日～8月22日	展示・戦時中の出版を知る（協力・県立長野図書館）
9月13日～10月21日	原画展・手島圭三郎原画展（協力・絵本塾企画）
10月22日～11月14日	展示・『印刷の知らない世界』展（協力・藤原印刷株式会社）

■信州しおじり　子ども本の寺子屋　2021（令和3）年度予定

◆科目

日程	種別	講師	講座名
6月27日	おはなし会	こがようこ（絵本作家）	「こがようこのおはなしおやつ」
8月1日	講座	工藤栄（国立極地研究所・教授）	「教科書では描き切れていない南極の自然」
9月12日	ワークショップ	いしかわこうじ（絵本作家）	「ペーパーわんこ＆ペーパーにゃんこをつくろう」
9月18日	日本ハイコム見学会		「本の印刷工場見学ツアー」
11月7日	コンサート	田中綾（打楽器奏者）	「音であそぼうリズムであそぼう　打楽器コンサート」
11月28日	講演会	はやみねかおる（作家）	「トリックで毎日を楽しく」
6月13日～9月25日（全7回）	子ども司書養成講座		「目指せ！図書館マスター」

「心の遊園地」で遊ぼう――あとがきにかえて

「信州しおじり　本の寺子屋」は、「本の可能性を考える」というテーマを追求し、折に触れてこの言葉の意味を反芻してきました。それは、それぞれがたこつぼの中に入り込んでしまったかのような書き手と編集者と書店と図書館と読み手という輪の間に交流を生みだすことです。そのためには、まずは読書の素晴らしさを一人でも多くの人に知ってもらうことが必要であり、それこそが、この輪全体の温度を上げ、連携と交流を深めていく第一歩だと信じてきました。スタートから十年を経た今、それが「本の可能性とは何か」という問いへの暫定的回答です。

これに関連して、受講生の中島祥夫さんが対話の中で言及した作家・三田誠広さんの言葉を忘れることができません。「読むことによってさまざまな知識が身につきます。そしてそれは、知っていてても何の役にも立たないことも多いでしょう。ならば本を読むということは、無駄なことなのでしょうか。いいえ、私はそうは思いません。実はそれこそが喜びなのです。人と人の絆は無駄な時間をともに過ごすことから生まれると思うのです。無駄と思えることが人と人とのつながりを育み、深め、そうしてそれが人生の豊かさにつながっていくのではないでしょうか」という言葉です。

精神科医で分子生物学者の糸川昌成さんとソーシャルワーカーで社会福祉法人浦河べてるの家理事の向谷地生良さんとの対談を読んでいました。すると、向谷地さんが、「本の寺子屋」にも講師として来訪した作家・高橋源一郎さんの言葉を紹介しているのを見つけました。高橋さんは「こんなにも心病む人が出て来ているのは、みんなが小説を読まなくなったからだ、というふうに」話したというのです（『弱さの研究──「弱さ」で読み解くコロナの時代──』、くんぷる、二〇二〇年、p.7）。つまり高橋さんは、小説を読むことは心を病む危険性を小さくする、といっているようです。

ではなぜ、現代人は以前に比べ、小説を読まなくなったのか。この本では、先の三田さんの言葉と直接に呼応する糸川さんの言葉があります。それは、「向谷地『最近、とくにそう思うんですけれど、用事もないのに何となく人に電話したりとか、（中略）行きつけの喫茶店に行って話をしたりする、その辺の当り前さが満たされていない人がすごく多いということを感じますね』糸川『なんか効率化をどんどん推し進めるとそうなりますね。最短距離で求めるものが獲得できるときにこそ価値があるんだという、無駄を省くと良いという能力主義的な発想に重きを置く思想が流行です。（中略）でも実はその効率化の中で何か失っているもの。それは文脈であったり物語であったり、効率を求める中で失われていくものなんですね』」（同書、p.63）という指摘です。

「効率主義」が幅を利かせる現代は、人々が孤立し心を病みやすい時代です。そしてその効率主義から見て、「非効率」なのが読書であるらしいのです。ところが高橋さんは、心を病む人がこれほど多くなったのは、小説を読まなくなったからだと指摘し、三田さんは、「その無駄と思えることが人と人とのつながりを育み、深めるのだ」と話しました。

効率を追求する社会の中で失われていく物語、三田さんの言葉を借りれば何の役にも立たないことが、実は人と人とのつながりを生み出し、「人生の豊かさ」につながるものだ、というのです。

もう一つ、作家の浅田次郎さんは「小説は何かを教えてもらうものではなく、読み進めながら想像を膨らませて別の世界で遊んでくるもの。ですから私にとっては永遠に楽しめる遊園地です。小説で養った想像力は人生に必ずや有効なはずで、ひいては社会の礎になると思っています」といいます（「毎日新聞」二〇二一年二月十九日付夕刊「この国はどこへ　コロナの時代に」）。

時代が求める「効率主義」の要請に応える「役に立つ」本はあるでしょう。一方、三田さんがいうように、「何の役にも立たない」本もあるでしょう。さしずめそれは、小説や詩などでしょうか。しかし小説を読むことは、実は自分だけの遊園地を発見して遊ぶことであり、さまざまな物語の中に入り、様々な時代、様々な国に生きる人々の人生を追体験することです。その遊園地は、実は読み手が現実の世界で直面する孤立に押しつぶされない精神を養う心のトレーニング・ジムなのではないでしょうか。

小説や詩は「役に立たない」というのは正しいのでしょう。書き手は「誰かの、何かの役に立つ」と思って小説や詩を書いたりしません。それは「効率主義」の対極にあります。それは永遠に楽しめる遊園地へと読み手を誘うだけです。しかしだからこそ、優れた小説や詩に触れることは素晴らしいことなのではないでしょうか。

二〇二〇年に始まった新型コロナウイルスの感染拡大により、私たちはこれまでとは異なる社会に放り込まれました。それは人と直接会って話すことを忌避するよう求められる社会です。人々の分断と孤立は深まりました。人と直接会わず、対話もない生活を送る人が増え、心の病が身近になった時代。「本の可能性」は、この困難な時代を生きていくための備えとして改めて位置づけられるのではないか。それは心をのびのびと開放し、遊ばせ、ときに鍛え健やかにする遊園地という読書の意味、「本の可能性」を再認識することにつながったように思うのです。

＊

本書は、将来の公共図書館のあり方に関心のある長野県内の複数の図書館利用者が、塩尻市立図書館で始まった「信州しおじり　本の寺子屋」の試みを考えるために、不定期に会合を開き議論を重ねた結果を、研究会としてまとめたものです。インタビューに応じてくださった中島祥夫さん、編集者の長田洋一さん、塩尻市立図書館職員のみなさんはじめ多くの方のご助言をいただきました。改めて御礼申し上げます。

「信州しおじり　本の寺子屋」研究会

幹事　高橋龍介

「本《ほん》の寺子屋《てらこや》」新時代《しんじだい》へ　塩尻市立図書館《しおじりしりつとしょかん》の挑戦《ちょうせん》2

発行日　2021年7月21日　第1刷発行

編者　「信州《しんしゅう》しおじり　本《ほん》の寺子屋《てらこや》」研究会《けんきゅうかい》

協力　塩尻市、塩尻市立図書館

装丁　間村俊一

発行者　田辺修三
発行所　東洋出版株式会社
〒112-0014　東京都文京区関口1-23-6
電話　03-5261-1004（代）　振替　00110-2-175030
http://www.toyo-shuppan.com/

担当　秋元麻希

印刷　日本ハイコム株式会社（担当：前田武彦）

ISBN 978-4-8096-8628-3　定価はカバーに表示してあります

ISO14001 取得工場で印刷しました